お椀ひとつで一汁一菜

雑煮365日

松本栄文

はじめに

雑煮は正月だけのものではないです。
古来、客人をもてなす席で、
酒肴《しゅこう》のはじまりとしてふるまってきました。
雑煮には「お餅」が入ります。
お餅は、古くより神々に捧げてきた特別な食べ物。
つまり日本人は、もてなしの心を一杯の雑煮に込めたのです。

本書では、春夏秋冬、旬の食材を味わう雑煮をご紹介します。
客人に、まず一杯の雑煮をお出ししてはいかがでしょう。
冬は寒さで縮こまった体をほぐしてくれますし、
夏は冷房などで冷えた体の芯を温めてくれます。

また、お椀ひとつにお餅、汁、具がバランスよく入る雑煮は、
じつは忙しい現代人にとって
理想的なパーフェクトフードといえましょう。
ぜひ日々の食卓で、味噌汁感覚で味わってみてください。
新しい食の風景が発見できるはずです。

目次

はじめに　2

雑煮作りの基本　6

第1章

雑煮　春夏秋冬　7

春の雑煮

納豆あおさ　8
若竹　10
かき玉　12
のり佃煮と豆腐　14
あさりとトマト　16
春キャベツと桜えび　18
塩辛豆腐　20
鍋焼き　22

夏の雑煮

ほやときゅうりの冷製　24
焼きピーマン　26
鶏つみれ　28
鯖缶ときゅうりの冷製　30
揚げなすとえび　32
レタスと明太子　34
鶏肉ととうもろこし　36
鰻とかいわれ大根　38

秋の雑煮

みぞれいくら　58
丸なすのごまみそ　60
鶏肉と里芋、きな粉添え　62
なめこのしょうがあん　64
塩鮭としめじ　66
薄揚げと九条ねぎの南蛮　68
いとこ　70
鶏肉としいたけ　72
塩鮭と豆もやし　74

冬の雑煮

塩鯖と白ねぎ 76　豚汁 78　水菜と薄揚げ 80
小松菜と鶏肉 82　牡蠣と干ししいたけ 84　塩豚と白菜 86
牛鍋仕立て 88　焼き鰤とせん切り大根 90

365日の雑煮暦 41

第2章
そもそも、雑煮とは？ 92

雑煮の原点は魔王の五臓をかたどったあわび雑煮／雑煮は正月に限らず酒宴の肴でもある／味つけは味噌だった／菜鶏雑煮のはじまり／京都の雑煮に芋が入るわけ／京都・秦家の雑煮と正月支度／丸小餅から伸し餅へ／そして全国で多彩な雑煮が生まれた

日本各地に伝わる 伝統雑煮、郷土の味 102

だしの取り方 54
お餅の扱い 56
お餅のこぼれ話① 神霊が宿るお餅 40
お餅のこぼれ話② うさぎのお餅搗き 57
あとがき 110

［雑煮作りの基本］

・1mℓ＝1cc
・2人分のだしの分量として、煮込み時間により400〜600mℓと幅をもたせています。ただし、途中で煮詰まってきたと感じたらだしを足してください。だしは多めに用意しておくと重宝です。
・みそ仕立ての雑煮は、だし400mℓに対して白みそは大さじ2、信州みそは大さじ2弱を基準に加減してください。みそは一気に加えず、味をみながら少しずつ溶き入れるようにします。
・しょうゆ仕立ての雑煮は、だし400〜600mℓに対して塩小さじ⅓、しょうゆ小さじ1を基準に加減してください。仕上げに塩で味を調えます。
・材料は2人分ですが、朝食にたっぷりという場合は、1人でも食べきれる分量です（お餅は好みの量に）。
・だしの取り方は54ページ、お餅の扱いは56ページをご覧ください。

［アイコンのみかた］

 煮餅・丸

 焼き餅・丸

 焼き餅・角

 昆布だし

 合わせだし（昆布とかつお節）

 かつおだし（かつお節のみ）

 みそ仕立て

 しょうゆ仕立て

第1章

雑煮
春夏秋冬

３６５日の雑煮暦（41ページ）より、
それぞれの季節を代表する雑煮をご紹介します。
暦にある食材の組み合わせも参考にしながら、
ぜひご家庭の味を作っていってください。

春の雑煮

命のエネルギーに満ちた素材を、素直にいただきます。

納豆あおさ

温かい椀汁とともに納豆をさらさらといただける、
朝食にぴったりの雑煮。
あおさの香りが納豆のにおいを消してくれるので、
納豆が苦手な人でも食べやすい一杯です。

材料（2人分）
煮餅・丸　2個

合わせだし　400mℓ
塩　小さじ⅓
しょうゆ　小さじ1

納豆（大粒）　2パック
あおさ（乾燥）　30g

作り方
1　納豆はよく混ぜる。
2　鍋に合わせだしを入れて沸かし、
　　塩、しょうゆを加えて味を調える。
3　器に納豆と煮餅を盛り、2を注ぎ、
　　あおさをのせる。

若竹

春の出合いものを雑煮に仕立てました。
やさしい味わいには煮餅が合います。
たけのことわかめは、
香りを逃さぬようさっと煮るにとどめます。

材料（2人分）
煮餅・丸　2個

合わせだし　400mℓ
塩　小さじ1/3
しょうゆ　小さじ1

ゆでたけのこ　140g
生わかめ　100g（塩蔵や乾燥の場合は戻して100g）

木の芽　適量

作り方
1　ゆでたけのこは縦に薄切りにする。
　生わかめは食べやすい大きさに切る。
2　鍋に合わせだし、塩、しょうゆを入れて沸かし、
　1を入れて中火で1～2分間煮、塩（分量外）で味を調える。
3　器に2と煮餅を盛り、木の芽をあしらう。

煮餅・丸
＋

合わせだし
＋
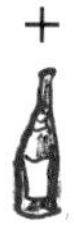
しょうゆ仕立て

かき玉

鶏肉のうまみが加わった椀汁に、
卵がふんわり。
ここに香ばしい焼きのりと焼き餅を合わせます。
かき玉を上手に作るコツは、
溶き卵を流したら再び沸くまで混ぜないこと。

材料（2人分）
焼き餅・角　2個

合わせだし　400mℓ
塩　小さじ⅓
しょうゆ　小さじ1

鶏もも肉　100g
卵　2個
焼きのり（全形）　1枚
かたくり粉　大さじ1（水大さじ1で溶く）

作り方
1　鶏もも肉はさいの目に切る。卵は溶きほぐす。
焼きのりは八つ切りにする。
2　鍋に合わせだしを入れて沸かし、
鶏肉を入れて中火で2分間ほど煮る。
アクを取り、塩、しょうゆを加えて味を調える。
水溶きかたくり粉を加えてしっかり加熱し、とろみをつける。
3　2に溶き卵を回し入れ、再び沸いてから全体を混ぜる。
4　器に3と焼き餅を盛り、のりを添える。

のり佃煮と豆腐

さいの目に切った絹ごし豆腐とのり佃《つくだ》煮。
のど越しなめらかなところに、
あえて焼き餅の香ばしさを加えます。
さらさらといただけ、
食欲のない朝にもおすすめです。

材料（2人分）
焼き餅・角　2個

合わせだし　400㎖
塩　小さじ⅓
しょうゆ　小さじ1

絹ごし豆腐　1と½丁（450g）
のり佃煮　大さじ2

作り方
1　絹ごし豆腐は、小さめのさいの目に切る。
2　鍋に合わせだし、塩、しょうゆを入れて沸かし、1を入れる。
再び沸く直前で火を止め、塩（分量外）で
ややうすめに味を調える。
3　器に2と焼き餅を盛り、のり佃煮をのせる。

焼き餅・角
＋

合わせだし
＋

しょうゆ仕立て

あさりとトマト

あさりのうまみ成分であるコハク酸、
同じくトマトのグルタミン酸、
だしのイノシン酸が相乗した、
うまみがとても強い椀汁を煮餅で堪能します。
あさりの塩分を考慮し、塩は控えめに。

材料（2人分）
煮餅・丸　2個

合わせだし　500mℓ
塩　少々
しょうゆ　小さじ1

あさり（砂抜きしたもの）　250g
ミニトマト　14個

小ねぎ（小口切り）　適量

作り方
1　ミニトマトはへたを取り、湯むきする。（ようじで1か所穴を開け、沸騰した湯にくぐらせて冷水にとり、皮をむく）
2　鍋に合わせだし、塩、しょうゆを入れて沸かし、あさりを入れる。
あさりの殻が1、2個開き始めたらミニトマトを加え、
強火で煮続ける。
あさりの殻がほぼ開いたタイミングで火を止め、器に盛る。
3　2に煮餅を加え、小ねぎを天盛りにする。

春キャベツと桜えび

干し桜えびのよいだしが出た椀汁で、
春キャベツをじっくり、柔らかく煮ます。
煮餅、糸がつおの相性もよく、
朝食にたっぷりいただきたい雑煮です。

材料（2人分）
煮餅・丸　2個

合わせだし　600㎖
塩　小さじ⅓
しょうゆ　小さじ1

春キャベツ　¼個
干し桜えび　5g

糸がつお　適量

作り方

1　春キャベツはざく切りにする。
2　鍋に合わせだし、干し桜えびを入れて沸かし、
キャベツを加えて中火で4～5分間、
キャベツが柔らかくなるまで煮る。
塩、しょうゆを加えて味を調える。
3　器に2と煮餅を盛り、糸がつおを天盛りにする。

塩辛豆腐

いかと豆腐をふっくら炊いた「いか豆腐」や、
「いかの丸焼き」から発想を得た雑煮です。
塩辛のうまみがだしに溶け、
塩分も程よくて酒のあてにぴったり。

材料（2人分）
焼き餅・角　2個

昆布だし　500㎖
白みそ　大さじ2

いかの塩辛　大さじ2
焼き豆腐　$\frac{1}{2}$丁

青じそ（せん切り）　適量

作り方
1　焼き豆腐は2等分にする。
2　鍋に昆布だしと焼き豆腐を入れて中火にかける。
　　沸いたら弱火にし、白みそを溶き入れて味を調える。
3　2にいかの塩辛を加えてすぐに火を止める。
4　器に3と焼き餅を盛り、青じそを天盛りにする。

鍋焼き

長崎、島原地方で日常的に食卓に上る
郷土料理「具雑煮」をアレンジして。
鶏肉、根菜、かまぼこから味が出た煮汁は濃厚。
玉子焼きは甘めがおすすめ。

材料（2人分）
煮餅・丸　2個

昆布だし　600㎖
塩　小さじ⅓
しょうゆ　小さじ1

鶏もも肉　100g
大根　80g
にんじん　80g
ごぼう　50g
白菜　1枚
かまぼこ（厚め）　2切れ
玉子焼き*（厚め）　2切れ

小ねぎ（小口切り）　適量

作り方

1　鶏もも肉は一口大に切る。大根、にんじん、
　ごぼうはそれぞれ幅1㎝、長さ5㎝の短冊形に切る。
　白菜は食べやすい大きさに切る。
2　鍋に昆布だし、大根、にんじん、ごぼうを入れて強火にかける。
　沸いたら中火にし、4〜5分間煮る。
3　2の根菜に火が通ったら、鶏肉、かまぼこを加える。
　鶏肉に火が通ったら白菜を加えてさっと煮て、
　塩、しょうゆを加えて味を調える。
4　3に玉子焼きを加えて温める。
5　器に4と煮餅を盛り、小ねぎを天盛りにする。

*玉子焼きは、甘い江戸前が合います。
以下の材料で、通常の玉子焼きと同様に作れます。
卵 4個、砂糖 大さじ3と½、合わせだし 60㎖、うす口しょうゆ 少々

夏の雑煮

暑い日にもさらさらといただけます。

ほやときゅうりの冷製

岩手で、お餅にほやの塩辛をからめて
食べた感動から思いついた一品。
冷たいほやに、焼きたて
あつあつのお餅がよく合います。
もちろんお酒のおともにも。

材料（２人分）
焼き餅・角　２個

昆布だし（よく冷やしておく）　400㎖
塩　小さじ⅓
しょうゆ　小さじ１

むきほや（塩水漬け）　１～２個分
きゅうり　１本

しょうが（みじん切り）　少々
小ねぎ（小口切り）　適量

作り方

１　むきほやは水けを軽くきり、食べやすい大きさに切る。
　　きゅうりは蛇腹に切り
　　（きゅうりを横長に置いて下¾を残して斜めに薄く
　　包丁を入れ、上下を返して同様に切り込みを入れる）、
　　1.5㎝長さに切り分ける。
２　ボウルに昆布だし、塩、しょうゆを合わせて味を調え、
　　１を加えて軽く混ぜ合わせる。
３　器に２と焼き餅を盛り、しょうが、小ねぎをあしらう。

焼き餅・角
＋

昆布だし
＋

しょうゆ仕立て

焼きピーマン

ピーマンの焼き浸しを思わせる、
すっきりとした夏向けの雑煮。
くったり焼いたピーマンと焼き餅が意外と合います。
万願寺とうがらし、ししとうがらしなどでもお試しを。

材料（2人分）
焼き餅・角　2個

合わせだし　400㎖
塩　小さじ$\frac{1}{3}$
しょうゆ　小さじ1

ピーマン　3個

糸がつお　適量

作り方
1　ピーマンは、縦半分に切ってへたと種を取り、
　魚焼きグリルやフライパンで焼き色がつくまで焼く。
2　鍋に合わせだしを沸かし、塩、しょうゆを入れて味を調える。
3　器にピーマンと焼き餅を盛り、2を注ぎ、糸がつおを天盛りにする。

焼き餅・角
＋

合わせだし
＋

しょうゆ仕立て

鶏つみれ

副材料を入れずに作る、もちっと肉感のある
鶏つみれに、細かく刻んだ薬味をたっぷり合わせて。
つみれは、粘りが出て
指が引っ張られるような感じがするまで
しっかり混ぜるのがコツ。

材料（2人分）
焼き餅・角　2個

昆布だし　600mℓ
信州みそ　大さじ2弱

鶏つみれ
- 鶏ひき肉（もも）　200g
- 酒　大さじ1
- 塩　小さじ⅓
- かたくり粉　小さじ2

合わせ薬味
- みょうが（みじん切り）　小さじ2
- しょうが（みじん切り）　小さじ1
- 小ねぎ（みじん切り）　小さじ2
- 青じそ（せん切り）　5枚分

作り方
1　鶏つみれを作る。ボウルに材料を入れ、粘りが出るまでよく混ぜ合わせる。4等分し、手にサラダ油（分量外）を軽くつけて丸め、真ん中をへこませる。
2　薬味の材料を混ぜ合わせ、合わせ薬味を作る。
3　鍋に昆布だしを入れて沸かし、1を入れて中火で4～5分間、つみれが浮き上がってくるまで煮る。アクを取り、弱火にし、信州みそを溶き入れて味を調える。
4　器に3と焼き餅を盛り、合わせ薬味を天盛りにする。

鯖缶ときゅうりの冷製

ごく身近な素材で、
お餅を煮る以外は火を使わずにできる
夏のお助けレシピです。
だしを冷蔵庫でよく冷やしておき、
鯖《さば》の缶汁でうまみを足します。

材料（2人分）
煮餅・丸　2個

合わせだし（よく冷やしておく）　400mℓ
塩　小さじ$\frac{1}{3}$
しょうゆ　小さじ1

鯖（缶詰／水煮）　1缶（190g）
きゅうり　1本

小ねぎ（小口切り）　適量

作り方
1　きゅうりはあられに切る。
2　ボウルに合わせだし、塩、しょうゆ、鯖の缶汁を合わせて味を調え、きゅうりを加える。
3　器に2と鯖の身、煮餅を盛り、小ねぎを天盛りにする。

揚げなすとえび

果肉がしっかりとした丸なすを
じっくり揚げ焼きにし、えびのあんをかけて。
針しょうがで味わいを引き締めます。

材料（2人分）
煮餅・丸　2個

合わせだし　500mℓ
塩　小さじ⅓
しょうゆ　小さじ1

丸なす　1個
えび（ブラックタイガー、
　バナメイえびなど）　8匹
かたくり粉　大さじ1（水大さじ1で溶く）
サラダ油　適量

しょうが　2かけ

作り方

1　丸なすは、天地を落として縦4等分に切る。
　フライパンに多めのサラダ油を熱し、
　断面によい焼き色がつくまで弱めの中火で揚げ焼きにする。
2　えびは、殻をむいて背わたを取り、1㎝長さに切る。
3　針しょうがを作る。しょうがは皮をむき、
　繊維に沿ってごく細いせん切りにする。
　水に10分間ほどさらし、水けをきる。
4　鍋に合わせだし、塩、しょうゆを入れて沸かし、
　えびを加えて中火で1～2分間煮る。塩（分量外）で味を調え、
　水溶きかたくり粉を加えてしっかり加熱し、とろみをつける。
5　器になすと煮餅を盛り、4をかけ、針しょうがをあしらう。

レタスと明太子

レタスは生よりも加熱したほうが
個性が出る野菜です。
たっぷりのレタスをさっと煮て、からし明太子とともに。
柔らかな煮餅とレタスの食感の違いも楽しい一杯です。

材料（2人分）
煮餅・丸　2個

昆布だし　500㎖
塩　小さじ⅓
しょうゆ　小さじ1

レタス　200g（約½個）
からし明太子　¼腹

作り方
1　レタスは手で適当な大きさにちぎる。
　　からし明太子は薄皮を取ってほぐす。
2　鍋に昆布だし、塩、しょうゆを入れて沸かし、
　　レタスを入れて中火で3～4分間、しんなりするまで煮て、
　　塩（分量外）でやや薄めに味を調える。
3　器に2と煮餅を盛り、からし明太子を天盛りにする。

鶏肉ととうもろこし

味をつけた椀汁でとうもろこしを煮ると、
塩分で発色がよくなります。
とうもろこしの粒に合わせて鶏肉も小さめに。
こしょうを効かせ、三つ葉を香りのアクセントに。

材料（2人分）
煮餅・丸　2個

合わせだし　600mℓ
塩　小さじ⅓
しょうゆ　小さじ1

鶏もも肉　100g
とうもろこし　1本
かたくり粉　大さじ1（水大さじ1で溶く）

三つ葉（軸の小口切り）　適量
こしょう（できればひきたて）　適量

作り方
1　鶏もも肉は小さめのさいの目に切る。とうもろこしは実を外す。
2　鍋に合わせだし、塩、しょうゆを入れて沸かし、1を入れて中火で煮る。
アクを取り、具材に火が通ったら塩（分量外）で味を調え、
水溶きかたくり粉を加えてしっかり加熱し、とろみをつける。
3　器に2と煮餅を盛り、三つ葉を天盛りにし、こしょうをふる。

煮餅・丸
＋

合わせだし
＋

しょうゆ仕立て

鰻とかいわれ大根

鰻《うなぎ》の皮目から出るよい味が椀汁にまわり、
少量の鰻でも満足できます。
焼いた魚と相性がよいのが、かいわれ大根。
しんなりするまでしっかり火を通します。
晩酌にもぜひ。

材料（2人分）
焼き餅・角　2個

合わせだし　500mℓ
塩　小さじ⅓
しょうゆ　小さじ1

鰻の白焼き（または、穴子の白焼き）　2切れ
里芋（小）　2個
かいわれ大根　1パック

糸がつお　適量

作り方

1　里芋は皮ごと柔らかく蒸し、皮をむく。
　かいわれ大根は根元を落とす。
2　鍋に合わせだし、塩、しょうゆを入れて沸かし、
　里芋と鰻の白焼きを加えて中火で温める。
　かいわれ大根を加えてさらに2〜3分間煮、
　塩（分量外）で味を調える。
3　器に2と焼き餅を盛り、糸がつおを天盛りにする。

焼き餅・角
＋

合わせだし
＋

しょうゆ仕立て

お餅のこぼれ話①

神霊が宿るお餅

なぜ日本人はお米を大切にするのでしょうか。まず「お米に神が宿る」と伝わるのは、神話に起源があります。『日本書紀』では、天照大神《あまてらすおおみかみ》は孫の瓊瓊杵尊《ににぎのみこと》を地上に降臨させる際に、天上界の神聖な稲を「地上でも育てるように」授けたのです。こう神話に仮託されるように、日本の歴史は稲作とともに歩んできました。

お米を授けてくれた神々に感謝し、豊作を祈願する祭祀《し》に、人々は重きをおいてきました。米という字が八十八を連ねるように、お米の栽培は八十八回の段階にわたるほど人力がかかります。なかでも重要なのは、正月明けの稲作準備と五月の田植え、そして十月の収穫。稲の生長過程で数々の自然災害を乗り越えるために神霊の力を仰ごうと、祭祀の大半はこの三つの期間に執り行われます。こうした祭祀で神々に供える食事に、お米はもちろん、お餅も欠かすことはできません。お餅はお米を搗《つ》くことで神々の力が凝縮される、特別な存在だからです。

365日の雑煮暦

日本の豊かな四季を盛り込み、
家庭の味となり、
家族の絆を深める一椀であることを願って。

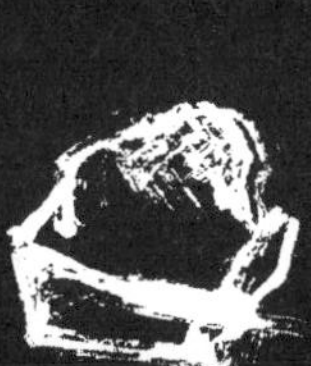

卯月

四月

- 一　しらすと三つ葉　醤油仕立て／煮餅
- 二　鯛の生姜あん　醤油仕立て／焼き餅
- 三　蛍《ほたる》いかと筍　味噌仕立て／煮餅
- 四　きのことコンビーフ　醤油仕立て／焼き餅
- 五　薄揚げと木の芽　白味噌仕立て／煮餅
- 六　焼きししゃもと三つ葉　醤油仕立て／焼き餅
- 七　あさりとトマト　16ページ　醤油仕立て／煮餅
- 八　豚挽肉ともやし　味噌仕立て／焼き餅
- 九　鰯《いわし》のつみれと新生姜　醤油仕立て／焼き餅
- 十　小蕪《かぶ》とソーセージ　麦味噌仕立て／煮餅
- 十一　仙台麩と蕨《わらび》　味噌仕立て／焼き餅
- 十二　手羽先と白葱《ねぎ》　麦味噌仕立て／焼き餅
- 十三　しらすとなめこ　醤油仕立て／煮餅
- 十四　ほっけの干物と新玉葱　味噌仕立て／焼き餅
- 十五　切り昆布とはんぺん　醤油仕立て／焼き餅
- 十六　もずくと鶏つくね　麦味噌仕立て／煮餅
- 十七　あさりと生姜　白味噌仕立て／煮餅
- 十八　小蕪とベーコン　味噌仕立て／焼き餅
- 十九　はまぐりと生姜　白味噌仕立て／煮餅
- 二十　新玉葱と牛しゃぶ　醤油仕立て／焼き餅
- 二十一　蛍いかと独活《うど》　醤油仕立て／焼き餅
- 二十二　牡蠣《かき》とトマト　赤味噌仕立て／焼き餅
- 二十三　せん切り大根としらす　醤油仕立て／焼き餅
- 二十四　鶏レバーとにらの生姜あん　醤油仕立て／焼き餅
- 二十五　仙台麩《ふ》とあさり　味噌仕立て／焼き餅
- 二十六　いか塩辛と青じそ　醤油仕立て／焼き餅
- 二十七　春キャベツと桜海老　18ページ　醤油仕立て／煮餅
- 二十八　じゅんさい　味噌仕立て／焼き餅
- 二十九　蕨と牛しゃぶ　醤油仕立て／焼き餅
- 三十　甘きつねと九条葱　醤油仕立て／煮餅

皐月

五月

一　もずくと厚揚げ
麦味噌仕立て／焼き餅

二　せん切り大根と鶏肉
醤油仕立て／焼き餅

三　春キャベツと豚肉
醤油仕立て／煮餅

四　わかめとじゃが芋
醤油仕立て／焼き餅

五　塩辛豆腐
白味噌仕立て／焼き餅
20ページ

六　アスパラガスとベーコン
味噌仕立て／焼き餅

七　しらすとたたき蕨
醤油仕立て／焼き餅

八　春キャベツとしらす
塩仕立て／煮餅

九　新牛蒡《ごぼう》と鶏肉
味噌仕立て／焼き餅

十　竹輪とセロリ
醤油仕立て／焼き餅

十一　はんぺんとトマト
醤油仕立て／焼き餅

十二　鱧《はも》と新玉葱
塩仕立て／煮餅

十三　せん切りじゃが芋と牛しゃぶ
醤油仕立て／焼き餅

十四　じゅんさいとしらす
醤油仕立て／焼き餅

十五　鍋焼き
醤油仕立て／煮餅
22ページ

十六　そら豆と蟹
味噌仕立て／煮餅

十七　春キャベツと薄揚げ
醤油仕立て／焼き餅

十八　いか塩辛とじゃが芋
味噌仕立て／焼き餅

十九　海老しんじょともずく
麦味噌仕立て／煮餅

二十　牛しぐれのとろろ
醤油仕立て／焼き餅

二十一　豆乳と豚肉
醤油仕立て／焼き餅

二十二　もずくと鯛
麦味噌仕立て／煮餅

二十三　せん切りじゃが芋と豚肉
白味噌仕立て／焼き餅

二十四　グリーンピースと塩豚
醤油仕立て／焼き餅

二十五　もずくと鶏肉
麦味噌仕立て／煮餅

二十六　さやいんげんと薄揚げ
醤油仕立て／焼き餅

二十七　にらと厚揚げ
味噌仕立て／焼き餅

二十八　鯵《あじ》のつみれ
味噌仕立て／焼き餅

二十九　ツナとレタス
味噌仕立て／焼き餅

三十　黒豆
醤油仕立て／焼き餅

三十一　そら豆と姫ほたて
味噌仕立て／煮餅

水無月
六月

一
温泉玉子と生姜
味噌仕立て／煮餅

二
手羽先と梅干し
醤油仕立て／焼き餅

三
もずくと落とし玉子
麦味噌仕立て／煮餅

四
ししとうとベーコン
醤油仕立て／焼き餅

五
トマトと牛しゃぶ
醤油仕立て／焼き餅

六
焼き茗荷《みょうが》と鶏肉
味噌仕立て／焼き餅

七
モロッコいんげんと薄揚げ
醤油仕立て／焼き餅

八
焼き鮎と椎茸
醤油仕立て／焼き餅

九
冬瓜《とうがん》とソーセージ
麦味噌仕立て／焼き餅

十
白瓜と蟹
醤油仕立て／煮餅

十一
豆苗とにんにく
醤油仕立て／焼き餅

十二
白身魚ともずく
醤油仕立て／煮餅

十三
はんぺんのかき玉
醤油仕立て／焼き餅

十四
竹輪とセロリ
麦味噌仕立て／焼き餅

十五
仙台麩と鶏つみれ
味噌仕立て／焼き餅

十六
焼き鮎と胡瓜《きゅうり》
醤油仕立て／焼き餅

十七
牛肉と奈良漬け
醤油仕立て／焼き餅

十八
焼き茗荷とほたて
味噌仕立て／煮餅

十九
はんぺんとキムチ
醤油仕立て／焼き餅

二十
白瓜とほたて
醤油仕立て／煮餅

二十一
鶏肉と生姜
味噌仕立て／焼き餅

二十二
水茄子《なす》としらす
醤油仕立て／煮餅

二十三
もずくと豆腐
麦味噌仕立て／煮餅

二十四
鰺のつみれ
醤油仕立て／焼き餅

二十五
せん切りじゃが芋と鶏肉
麦味噌仕立て／煮餅

二十六
豆乳と鶏肉
塩仕立て／焼き餅

二十七
手羽先と干し椎茸
醤油仕立て／焼き餅

二十八
豆乳と柚子胡椒
醤油仕立て／煮餅

二十九
ほやと胡瓜
醤油仕立て（冷製）／焼き餅
24ページ

三十
椎茸と海老
醤油仕立て／焼き餅

文月

七月

一　焼き茗荷と薩摩揚げ　味噌仕立て／焼き餅

二　もずくの生姜あん　醤油仕立て／焼き餅

三　焼きピーマン　醤油仕立て／焼き餅　26ページ

四　もずくと豚肉　味噌仕立て／煮餅

五　水茄子と鱧　醤油仕立て／焼き餅

六　胡瓜のかき玉　醤油仕立て／焼き餅

七　あさりと冬瓜　麦味噌仕立て／煮餅

八　茄子と豚肉　醤油仕立て／焼き餅

九　鶏つみれ　味噌仕立て／焼き餅　28ページ

十　牛肉とかいわれ大根　醤油仕立て／焼き餅

十一　ほっけの干物とピーマン　醤油仕立て／焼き餅

十二　鶏つくねと茄子　赤味噌仕立て／煮餅

十三　焼き茄子　赤味噌仕立て／焼き餅

十四　焼き穴子と根菜　醤油仕立て／煮餅

十五　鯖《さば》缶と胡瓜　醤油仕立て（冷製）／煮餅　30ページ

十六　切り昆布と明太子　醤油仕立て／焼き餅

十七　枝豆　味噌仕立て／煮餅

十八　もずくと薩摩揚げ　味噌仕立て／煮餅

十九　とうもろこしと蟹　醤油仕立て／焼き餅

二十　薩摩揚げと青柚子　醤油仕立て／焼き餅

二十一　かいわれ大根と牛しゃぶ　醤油仕立て／煮餅

二十二　飛び魚のつみれ　醤油仕立て／焼き餅

二十三　揚げ茄子と海老　醤油仕立て／煮餅　32ページ

二十四　焼き茄子と生姜　味噌仕立て／焼き餅

二十五　鰻《うなぎ》と奈良漬け　醤油仕立て／焼き餅

二十六　焼きししゃもと豆腐　味噌仕立て／焼き餅

二十七　冬瓜とソーセージ　塩仕立て／焼き餅

二十八　鰺の干物とししとう　味噌仕立て／焼き餅

二十九　ほや汁　味噌仕立て／煮餅

三十　炙りピーマンとランチョンミート　醤油仕立て／焼き餅

三十一　牛肉と梅干し　醤油仕立て／焼き餅

葉月

八月

一
しらすとパプリカ
醤油仕立て／焼き餅

二
焼き茗荷と豚肉
味噌仕立て／煮餅

三
焼き茄子としらす
醤油仕立て／焼き餅

四
鶏つみれと生姜
赤味噌仕立て／煮餅

五
レタスと明太子
34ページ
醤油仕立て／煮餅

六
赤海老と青柚子
醤油仕立て／焼き餅

七
焼き鮎と青柚子
醤油仕立て／焼き餅

八
えのきと三つ葉
醤油仕立て／焼き餅

九
あさりと青柚子
麦味噌仕立て／煮餅

十
いんげん豆と挽肉の南蛮
カレー仕立て／焼き餅

十一
豆苗とにんにく
白味噌仕立て／焼き餅

十二
鶏肉ととうもろこし
36ページ
醤油仕立て／煮餅

十三
豆苗とソーセージ
醤油仕立て／焼き餅

十四
焼き茄子と豚肉
味噌仕立て／煮餅

十五
とうもろこしと薩摩揚げ
醤油仕立て／焼き餅

十六
海老しんじょの生姜あん
醤油仕立て／煮餅

十七
茄子と塩鯨《くじら》
白味噌仕立て／煮餅

十八
鶏肉と青柚子
醤油仕立て／焼き餅

十九
とろろ昆布と梅干し
醤油仕立て／焼き餅

二十
鰺の干物と青唐辛子
赤味噌仕立て／焼き餅

二十一
あわびと大豆
醤油仕立て／煮餅

二十二
焼き鮎とせん切り大根
醤油仕立て／焼き餅

二十三
鰯のつみれとじゃが芋
味噌仕立て／焼き餅

二十四
仙台麩となめこ
味噌仕立て／焼き餅

二十五
鶏肉の生姜あん
醤油仕立て／煮餅

二十六
鰻とかいわれ大根
38ページ
醤油仕立て／焼き餅

二十七
冬瓜と蒲鉾《かまぼこ》
醤油仕立て／焼き餅

二十八
胡瓜とツナ
味噌仕立て（冷製）／煮餅

二十九
とうもろこしとはんぺん
醤油仕立て／焼き餅

三十
手羽先と青柚子
醤油仕立て／焼き餅

三十一
牛肉とセロリ
醤油仕立て／焼き餅

長月

九月

一
海老しんじょと椎茸
麦味噌仕立て／煮餅

二
せん切りじゃが芋と塩辛
醤油仕立て／焼き餅

三
仙台麩とはんぺん
味噌仕立て／焼き餅

四
椎茸と鶏肉
麦味噌仕立て／煮餅

五
牛肉とじゃが芋
醤油仕立て／焼き餅

六
豚肉とマッシュルーム
醤油仕立て／焼き餅

七
鰻白焼きと青梗菜《ちんげんさい》
醤油仕立て／焼き餅

八
たたき鰹
味噌仕立て／焼き餅

九
菊花と鶏つみれ
醤油仕立て／焼き餅

十
みぞれいくら
醤油仕立て／焼き餅
58ページ

十一
赤海老と菜鶏
醤油仕立て／焼き餅

十二
仙台麩と牛蒡
味噌仕立て／焼き餅

十三
鰻白焼きと芹
醤油仕立て／焼き餅

十四
焼きししゃもと茄子
味噌仕立て／焼き餅

十五
月見とろろ
醤油仕立て／焼き餅

十六
手羽先と里芋
白味噌仕立て／煮餅

十七
焼き秋刀魚《さんま》と白葱
醤油仕立て／焼き餅

十八
牛肉ともやし
醤油仕立て／焼き餅

十九
茄子と塩鯨
麦味噌仕立て／焼き餅

二十
豚肉ととろろ
醤油仕立て／煮餅

二十一
冬瓜と蟹
醤油仕立て／煮餅

二十二
せん切り大根と胡桃《くるみ》
醤油仕立て／焼き餅

二十三
丸茄子
胡麻味噌仕立て／煮餅
60ページ

二十四
鶏つみれと生姜
白味噌仕立て／煮餅

二十五
牛肉と里芋
醤油仕立て／煮餅

二十六
春菊と鶏肉
味噌仕立て／煮餅

二十七
鶏肉と里芋
白味噌仕立て、きな粉添え／煮餅
62ページ

二十八
焼きししゃもとなめこ
味噌仕立て／焼き餅

二十九
胡桃ときのこと鶏肉
醤油仕立て／焼き餅

三十
温泉玉子みぞれ
醤油仕立て／煮餅

神無月
十月

一
里芋と生姜
味噌仕立て／焼き餅

二
菊花《きっか》となめこ
醤油仕立て／焼き餅

三
松茸と牛しゃぶ
醤油仕立て／焼き餅

四
えのきとあおさ
味噌仕立て／煮餅

五
蟹玉と豆腐
塩仕立て／煮餅

六
伊勢海老と里芋
麦味噌仕立て／煮餅

七
胡桃といくら
醤油仕立て／煮餅

八
きのこと温泉玉子
醤油仕立て／焼き餅

九
鰻と芹《せり》
醤油仕立て／焼き餅

十
なめこの生姜あん
醤油仕立て／焼き餅
64ページ

十一
春菊と豚肉
白味噌仕立て／煮餅

十二
里芋と鶏つくね
醤油仕立て／焼き餅

十三
鱧と松茸
赤味噌仕立て／煮餅

十四
ほっけの干物とじゃが芋
味噌仕立て／煮餅

十五
鶏肉と松茸
醤油仕立て／焼き餅

十六
菊花とはんぺん
醤油仕立て／焼き餅

十七
きのこの蕪みぞれ
醤油仕立て／焼き餅

十八
温泉玉子と里芋
味噌仕立て／煮餅

十九
あさりと大根
味噌仕立て／焼き餅

二十
椎茸と焼き豆腐
醤油仕立て／焼き餅

二十一
塩鮭としめじ
醤油仕立て／焼き餅
66ページ

二十二
えのきと芹
白味噌仕立て／煮餅

二十三
せん切り大根と牛すじ肉
醤油仕立て／焼き餅

二十四
胡桃となめこ
味噌仕立て／煮餅

二十五
鰻のかき玉
醤油仕立て／焼き餅

二十六
大根菜と薄揚げ
醤油仕立て／焼き餅

二十七
菊花と大根みぞれ
醤油仕立て／焼き餅

二十八
さつま芋と豚肉
味噌仕立て／煮餅

二十九
鶏肉と白菜
醤油仕立て／焼き餅

三十
南瓜と豚肉
味噌仕立て／焼き餅

三十一
舞茸と厚揚げ
味噌仕立て／煮餅

霜月

十一月

一	菊花と海老しんじょ	醤油仕立て／焼き餅
二	小蕪と厚揚げ	味噌仕立て／煮餅
三	手羽先と椎茸	白味噌仕立て／焼き餅
四	薄揚げと九条葱の南蛮 68ページ	カレー仕立て／焼き餅
五	さつま芋と海老	白味噌仕立て／煮餅
六	南瓜とそぼろ	醤油仕立て／焼き餅
七	春菊とじゃこ天	麦味噌仕立て／煮餅
八	豚肉と南瓜	醤油仕立て／煮餅
九	椎茸と海老	麦味噌仕立て／煮餅
十	里芋と棒鱈《ぼうだら》	醤油仕立て／焼き餅
十一	牡蠣とベーコン	麦味噌仕立て／焼き餅
十二	手羽先と柚子	醤油仕立て／焼き餅
十三	牛蒡と牛しゃぶ	醤油仕立て／焼き餅
十四	春菊とはんぺん	醤油仕立て／焼き餅
十五	竹輪と大根	醤油仕立て／煮餅
十六	伊勢海老と里芋	白味噌仕立て／煮餅
十七	豚肉と熟柿《じゅくし》	醤油仕立て／煮餅
十八	いとこ 70ページ	醤油仕立て／煮餅
十九	海老しんじょと椎茸	白味噌仕立て／煮餅
二十	仙台麩と芹	味噌仕立て／焼き餅
二十一	切り昆布と大根	醤油仕立て／焼き餅
二十二	きのこと牛しゃぶ	醤油仕立て／焼き餅
二十三	豚肉とマッシュルーム	味噌仕立て／煮餅
二十四	小豆と鶏肉	白味噌仕立て／煮餅
二十五	鶏肉と椎茸 72ページ	醤油仕立て／焼き餅
二十六	大根とソーセージ	味噌仕立て／焼き餅
二十七	塩鮭と豆もやし 74ページ	醤油仕立て／焼き餅
二十八	焼きししゃもと三つ葉	麦味噌仕立て／煮餅
二十九	牡蠣と白葱	塩仕立て／焼き餅
三十	蒲鉾と白菜	麦味噌仕立て／煮餅

師走

十二月

一　はんぺん
白味噌のビスク仕立て／煮餅

二　大根と塩豚
麦味噌仕立て／煮餅

三　鰤《ぶり》の生姜あん
醤油仕立て／焼き餅

四　伊勢海老と三つ葉
白味噌仕立て／煮餅

五　里芋と牛しゃぶ
醤油仕立て／焼き餅

六　蟹味噌とマッシュルーム
味噌仕立て／焼き餅

七　塩鯖と白葱
白味噌仕立て／焼き餅
76ページ

八　大根みぞれの生姜あん
醤油仕立て／焼き餅

九　鱈と里芋
味噌仕立て／焼き餅

十　牡蠣とじゃが芋
味噌仕立て／煮餅

十一　せん切り大根と蟹
醤油仕立て／焼き餅

十二　けんちん汁
味噌仕立て／煮餅

十三　仙台麩と春菊
醤油仕立て／焼き餅

十四　ブロッコリーとコンビーフ
味噌仕立て／焼き餅

十五　小豆と牛しぐれ
醤油仕立て／煮餅

十六　せん切り大根と海老
醤油仕立て／焼き餅

十七　豚汁
味噌仕立て／焼き餅
78ページ

十八　海老芋と柚子
白味噌仕立て／煮餅

十九　せん切りじゃが芋と塩鮭
醤油仕立て／煮餅

二十　厚揚げと白葱
麦味噌仕立て／煮餅

二十一　牡蠣とベーコン
醤油仕立て／焼き餅

二十二　九条葱と牛しゃぶ
醤油仕立て／焼き餅

二十三　湯葉のかき玉
醤油仕立て／煮餅

二十四　水菜と薄揚げ
醤油仕立て／焼き餅
80ページ

二十五　鴨肉と牛蒡
味噌仕立て／焼き餅

二十六　海老と椎茸
醤油仕立て／焼き餅

二十七　蟹と温泉玉子
醤油仕立て／煮餅

二十八　焼きししゃもと白葱
醤油仕立て／焼き餅

二十九　豚肉とほうれん草
醤油仕立て／煮餅

三十　白菜と牛しゃぶ
醤油仕立て／焼き餅

三十一　せん切り大根といくら
醤油仕立て／煮餅

睦月

一月

日	献立	仕立て／餅	
一	あわびとなまこ	白味噌仕立て／煮餅	
二	焼き葱と竹輪	醤油仕立て／焼き餅	
三	鯛のかぶら	塩仕立て／煮餅	
四	豚肉と白菜	麦味噌仕立て／煮餅	
五	鰻の柳川《やながわ》仕立て	醤油仕立て／焼き餅	
六	せん切りじゃが芋と蟹	醤油仕立て／焼き餅	
七	小蕪の生姜あん	醤油仕立て／煮餅	
八	仙台麩と白葱	味噌仕立て／焼き餅	
九	鴨肉と刻みピーマン	醤油仕立て／焼き餅	
十	長葱と牛しゃぶ	白たまり醤油仕立て／焼き餅	
十一	白菜と豚肉	醤油仕立て／煮餅	
十二	牡蠣と豚肉	白味噌仕立て／焼き餅	
十三	切り昆布と根菜	醤油仕立て／焼き餅	
十四	小松菜と鶏肉	醤油仕立て／焼き餅	82ページ
十五	小豆と鯛の塩焼き	醤油仕立て／焼き餅	
十六	湯葉と春菊	醤油仕立て／焼き餅	
十七	鱈汁	味噌仕立て／焼き餅	
十八	焼きししゃもと白葱	赤味噌仕立て／焼き餅	
十九	鴨肉と白葱	白味噌仕立て／焼き餅	
二十	小松菜と豆腐	塩仕立て／煮餅	
二十一	牛肉と芹	醤油仕立て／焼き餅	
二十二	なまこのけんちん汁	味噌仕立て／焼き餅	
二十三	仙台麩と鶏肉	味噌仕立て／焼き餅	
二十四	鱈白子と白葱	味噌仕立て／焼き餅	
二十五	牡蠣と干し椎茸	醤油仕立て／煮餅	84ページ
二十六	鶏肉と百合根	味噌仕立て／煮餅	
二十七	五目の生姜あん	醤油仕立て／焼き餅	
二十八	蓮根《れんこん》と海老	塩仕立て／焼き餅	
二十九	豚角煮と椎茸	醤油仕立て／焼き餅	
三十	蟹と温泉玉子	味噌仕立て／煮餅	
三十一	仙台麩とせん切り大根	味噌仕立て／焼き餅	

如月

二月

一
鴨肉と里芋
白味噌仕立て／焼き餅

二
白菜と豚肉
味噌仕立て／煮餅

三
鱈と里芋
醤油仕立て／焼き餅

四
焼きほっけとじゃが芋
味噌仕立て／焼き餅

五
カリフラワーと生ハム
味噌仕立て／煮餅

六
鰆の塩焼きと小松菜
醤油仕立て／焼き餅

七
焼き大根と鶏肉
醤油仕立て／焼き餅

八
牡蠣とほうれん草の南蛮
カレー仕立て／焼き餅

九
塩鱈とじゃが芋
白味噌仕立て／煮餅

十
塩豚と白菜
86ページ
醤油仕立て／焼き餅

十一
小豆
醤油仕立て／煮餅

十二
子なます
塩仕立て／煮餅

十三
牛鍋仕立て
88ページ
八丁味噌仕立て／焼き餅

十四
鴨肉と春菊
味噌仕立て／焼き餅

十五
蟹と生姜
味噌仕立て／煮餅

十六
はまぐりとなめこ
味噌仕立て／煮餅

十七
菜花と豚肉
醤油仕立て／焼き餅

十八
棒鱈と里芋
醤油仕立て／焼き餅

十九
牡蠣
土手煮仕立て／焼き餅

二十
焼き鰤とせん切り大根
90ページ
醤油仕立て／焼き餅

二十一
豚モツともやし
味噌仕立て／煮餅

二十二
赤海老と塩昆布
醤油仕立て／煮餅

二十三
鮪《まぐろ》の葱ま
醤油仕立て／焼き餅

二十四
湯葉のかき玉
赤味噌仕立て／煮餅

二十五
塩鮭と酒粕
味噌仕立て／煮餅

二十六
鰆《さわら》の塩焼きと白葱
白味噌仕立て／煮餅

二十七
菜花
胡麻味噌仕立て／焼き餅

二十八
仙台麩と里芋
味噌仕立て／焼き餅

弥生

三月

一	牡蠣とあおさ	醤油仕立て／焼き餅
二	ぜんまいと薄揚げ	醤油仕立て／焼き餅
三	はまぐりと海苔	醤油仕立て／焼き餅
四	海老しんじょと小葱	麦味噌仕立て／煮餅
五	納豆あおさ 8ページ	醤油仕立て／煮餅
六	はまぐりと蕗《ふき》	醤油仕立て／煮餅
七	鰆の塩焼きと山菜	醤油仕立て／焼き餅
八	菜花とあさり	味噌仕立て／煮餅
九	あわびとなまこ	醤油仕立て／煮餅
十	牡蠣と独活	味噌仕立て／焼き餅
十一	海苔と厚揚げ	醤油仕立て／焼き餅
十二	あさりと小蕪	塩仕立て／焼き餅
十三	絹さやと鶏肉	味噌仕立て／焼き餅
十四	若竹 10ページ	醤油仕立て／煮餅
十五	あさりと根三つ葉	味噌仕立て／煮餅
十六	はまぐりと海苔	麦味噌仕立て／煮餅
十七	わかめと胡麻《ごま》油	醤油仕立て／焼き餅
十八	塩鮭ともやし	醤油仕立て／焼き餅
十九	独活と牛しゃぶ	醤油仕立て／煮餅
二十	なめこと豆腐	麦味噌仕立て／煮餅
二十一	豆乳とわかめ	塩仕立て／焼き餅
二十二	焼きししゃもとあおさ	味噌仕立て／焼き餅
二十三	温泉玉子と納豆	醤油仕立て／煮餅
二十四	かき玉 12ページ	醤油仕立て／焼き餅
二十五	鶏肉ともずく	味噌仕立て／煮餅
二十六	里芋と青海苔	醤油仕立て／煮餅
二十七	小蕪と鶏肉	味噌仕立て／焼き餅
二十八	はまぐりと椎茸	醤油仕立て／煮餅
二十九	鯨のはりはり	醤油仕立て／煮餅
三十	海苔佃煮と豆腐 14ページ	醤油仕立て／焼き餅
三十一	いか豆腐	醤油仕立て／焼き餅

だしの取り方

本書の雑煮は、その季節ならではの味わいを楽しめるよう、具材は1～3品ほど、味つけはみそ、または塩としょうゆ、とシンプルです。その分、おいしいだしが決め手となります。

昆布だし

材料
水　2ℓ
昆布　20g

1　昆布は表面についているほこりなどをぬれぶきんで軽く落とし、鍋に入れて分量の水につける（夏季は20～30分間、冬季は1時間30分ほど）。

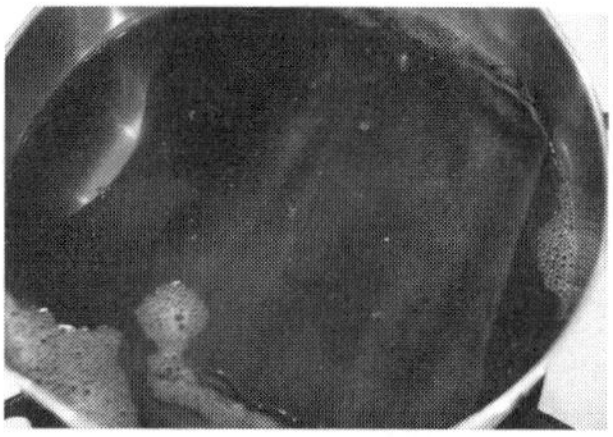

2　鍋を弱火にかけ、ゆっくり加熱する。羅臼（らうす）昆布など柔らかい昆布は、縁に細かい気泡が出たら取り出す。真昆布の場合はごく弱火で30分間ほど煮てうまみを出しきる。

3　紙タオルや清潔な布ぶきんでだしをこす。

合わせだし
（昆布とかつお節）

材料
水　2ℓ
昆布　20g
かつお節　80g

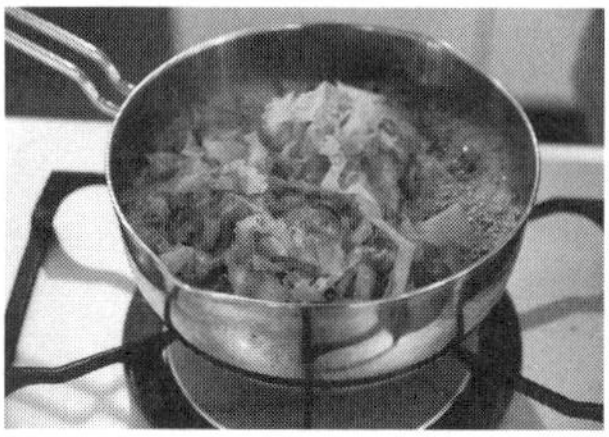

1　昆布だし（右記参照）を鍋に入れて強火にかけ、沸騰したらかつお節を入れて手早くほぐし、すぐに火を止める。煮続けると雑味が出て濁るので注意。

2　雑煮をすっきりと仕上げたいときはすぐにこす。煮込みにはやや濃いめのだしがよく、少しおいてからこす。

※料理に合わせてかつお節をこすタイミングを変え、だしの濃さを調節するのが手軽。すぐに風味が飛ぶので、冷蔵保存のうえ早めに使いきること。

日本のだし素材、昆布とかつお節のこと

昆布は、いくつかの種類があります。真昆布で取っただしは透明度が高く、すっきりした上品な甘みを持つので吸い物に。利尻昆布は香り高く淡い味で透明度も高く、懐石料理に好まれています。羅臼昆布は濃厚でこくがあり、煮物や鍋物に。日高昆布は柔らかく、味が薄いので、煮物の具材として用いるのに適しています。

かつお節には荒節《あら》と本枯節《ほんかれ》があります。荒節はくん製直後のもので、力強いくん製香と野趣あふれる味わいが特徴。荒節を薄削りにした削り節は香り高く、味の濃いだしが取れるため、万能に使えます。一方の本枯節とは、荒節を成形し、かびづけを経て乾燥と熟成を重ねたもの。荒節と比べて透明度が高く、上品で芳醇《ほうじゅん》な香りのだしになります。

昆布だしは、野菜や豆腐、潮汁など貝の料理と相性がよく、素材の味を邪魔することなく引き出せます。白みそとの相性もよく、白みそ仕立ての雑煮にはたいてい昆布だしが使われます。

昆布とかつお節の合わせだしは、昆布のうまみ成分「グルタミン酸」、かつお節のうまみ成分「イノシン酸」が相乗することで、より強いうまみを感じられます。吸い物、煮物、卵料理にと万能で、しょうゆとの相性が抜群。素材をある程度煮込んでしょうゆ仕立てにするときには、合わせだしがおすすめです。

お餅の扱い

白みそ仕立ての汁や、やさしい味わいの雑煮には煮餅がよく、椀汁との一体感を楽しめます。しょうゆ仕立ての汁や、アクセントに香ばしさが欲しいようなときには焼き餅が合います。

煮餅の場合

鍋に湯を沸かし、お餅を入れ、再び沸いたらごく弱火にしてお餅をひっくり返す。1〜2分間で火を止め、中心が柔らかくなるまでしばらくおく。

焼き餅の場合

フライパンやホットプレートを弱火で熱し、お餅を並べて、時々ひっくり返しながらじっくり焼いていく。ぷうっとふくらんできたら木べらの背などでたたきつぶしながら焼き、ざくざくとした面をしっかり作るのがコツ。

うさぎのお餅搗き

十五夜、満月。うさぎがお餅を搗《つ》くという月を、日本人は仰いできました。夜の暗闇の中でひとつ光を照らす月は、日ごとに満ち欠けて、消える（新月）をくり返すものですから、平安時代の人々は俗世に生きる人間の生きざまと重ね合わせて愛でたのでしょう。

日本で月の模様をうさぎに見立てたのは、中国から月見の習慣が伝わったからでしょう。ただし中国では、月うさぎはお餅ではなく、不老不死の霊薬を臼で挽《ひ》いています。日本において、繁殖力旺盛なうさぎがお餅を搗くということは、子孫繁栄や五穀豊穣をもたらすものととらえられてきました。蒸《ふ》かした糯米《もち》を杵《きね》で搗くことは、神々の力を「込める」、月の霊力を「込める」と考えたのです。また「お餅を搗く」は男女の交合の意も含み、子どもが生まれるなど新たな魂を誕生させることに通じています。それゆえにお餅は神聖な食べ物として、雑煮など祝いの料理には欠かせないものなのです。

みぞれいくら

いくらと大根おろしは、
それぞれのくさみ（くせ）を消し合っておいしさに変える、
相性のよい組み合わせです。
大根おろしをだしでふっくら煮るのがポイント。

焼き餅・角

＋

合わせだし

＋

しょうゆ仕立て

材料（2人分）
焼き餅・角　2個

合わせだし　500㎖
塩　小さじ⅓
しょうゆ　小さじ1

大根　10㎝
いくら（しょうゆ漬け）　大さじ4

柚子の皮（すりおろす）　適量

作り方

1　大根はすりおろし、軽く水けをきる。
2　鍋に合わせだし、塩、しょうゆを入れて沸かし、大根おろしを入れる。アクを取りながら中火で3～4分間煮て、塩（分量外）で味を調える。
3　器に2と焼き餅を盛り、いくらをよそい、柚子の皮をあしらう。

丸なすのごまみそ

白みそと白ごまに鶏肉のうまみが加わった椀汁と、
なすの相性が抜群。
皮が薄く果肉がしっかりとした丸なすを使うと、
煮餅に負けない食べごたえがあります。
丸なすの代わりにズッキーニでも美味。

材料（2人分）
煮餅・丸　2個

昆布だし　600㎖
白みそ　大さじ2

丸なす　1と½個
鶏もも肉　100g
白練りごま　小さじ2

糸がつお　適量

作り方
1　丸なすは、へたを落として縦4等分に切る。ボウルに入れ、
ごま油少々（分量外）をたらして全体になじませ、
フライパンで断面が色づいて火が通るまで中火でじっくり焼く。
2　鶏もも肉は一口大に切る。
3　鍋に昆布だしと鶏肉を入れて強火にかける。
沸いたらアクを取り中火にし、鶏肉に火が通ったら弱火にする。
白みそ、練りごまを溶き入れて味を調える。
4　器に1と3、煮餅を盛り、糸がつおを天盛りにする。

鶏肉と里芋、きな粉添え

椀汁の中に入っているお餅を取り出し、きな粉につけて食べる奈良の「きな粉雑煮」より。
温かい雑煮と、
きな粉をまぶしたこく深いお餅と
二度楽しめます。

材料（2人分）
煮餅・丸　2個

昆布だし　600mℓ
白みそ　大さじ2

鶏もも肉　100g
里芋（小）　2個
焼き豆腐　½丁
にんじん（1㎝幅の輪切り）　2切れ

糸がつお　適量
きな粉　適量

作り方

1　鶏もも肉は大きめの一口大に切る。焼き豆腐は2等分にする。
2　里芋は皮をむき、水からゆで、沸いたらざるに上げて流水でぬめりを取る。
3　鍋に昆布だし、1、2を入れて強火にかける。沸いたらアクを取り中火にし、にんじんを加える。具材に火が通ったら弱火にし、白みそを溶き入れて味を調える。
4　器に3と煮餅を盛り、糸がつおを天盛りにし、別皿できな粉を添える。

煮餅・丸
＋

昆布だし
＋

みそ仕立て

なめこのしょうがあん

京都の朝粥《がゆ》がヒント。
そのままお酒のつまみにもなりそうな雑煮です。
きのこを使うときはしょうがを効かせ、
甘みを加えるのがおいしい秘けつ。

材料（2人分）
焼き餅・丸　2個

合わせだし　500㎖
塩　小さじ⅓
砂糖　小さじ2
しょうゆ　小さじ1

なめこ　100g
しょうが（すりおろす）　小さじ2
かたくり粉　大さじ1（水大さじ1で溶く）

作り方
1　なめこは石づきを落としてほぐす。
2　鍋に合わせだし、塩、砂糖、しょうゆを入れて沸かし、
なめこを入れて中火で2～3分間煮る。
しょうがを加え、塩（分量外）で味を調える。
水溶きかたくり粉を加えてしっかり加熱し、とろみをつける。
3　器に2と焼き餅を盛る。

塩鮭としめじ

鮭ときのこの組み合わせには、
子どもも喜ぶバターしょうゆ味。
好みでこしょうを効かせます。
鮭はあらかじめ焼いてから加え、
焼き餅とともに香ばしさを楽しみます。

材料（2人分）
焼き餅・角　2個

昆布だし　600㎖
塩　小さじ⅓
しょうゆ　小さじ1

塩鮭（甘塩）　2切れ
しめじ　1パック
バター　5g
こしょう　適宜

小ねぎ（小口切り）　適宜

作り方
1　塩鮭は魚焼きグリルやフライパンで香ばしく焼き、
　小骨を取って4等分に切る。しめじは石づきを取ってほぐす。
2　鍋に昆布だし、塩、しょうゆを入れて沸かし、
　しめじを入れて中火で2～3分間煮る。
　1の鮭、バター、好みでこしょうを加え、塩（分量外）で味を調える。
3　器に2と焼き餅を盛り、小ねぎを天盛りにする。

焼き餅・角
＋

昆布だし
＋

しょうゆ仕立て

薄揚げと九条ねぎの南蛮

だしが効いたそば屋のカレーうどんを思わせる一杯。
薄揚げは味をつけた汁でふっくら煮含め、
九条ねぎは仕上げにさっと煮て
食感を生かします。

材料（2人分）
焼き餅・角　2個

合わせだし　600㎖
カレールウ　1かけ
（粉末タイプの場合は大さじ1）

薄揚げ　1枚
九条ねぎ　2本
かたくり粉　大さじ1（水大さじ1で溶く）

糸がつお　適量

作り方
1　薄揚げは短冊に切る。九条ねぎは5㎝長さに切る。
2　鍋に合わせだしを入れて沸かし、薄揚げを入れて中火で3〜4分間、
ふっくらするまで煮る。カレールウで味を調え、
水溶きかたくり粉を加えてしっかり加熱し、とろみをつける。
3　2に九条ねぎを加え（根元の白い部分を先に入れ、
一呼吸おいてから残りを入れる）、さっと火を通す。
4　器に3と焼き餅を盛り、糸がつおを天盛りにする。

焼き餅・角
＋

合わせだし
＋
カレー仕立て

いとこ

小豆と野菜など、神様への供物を集めて煮た
行事食が由来のいとこ煮。
秋の実りを代表する小豆とかぼちゃを取り合わせ、
その柔らかな風味に合う煮餅を添えます。

材料（2人分）
煮餅・丸　2個

昆布だし　600㎖
本みりん　小さじ1
塩　小さじ⅓
しょうゆ　小さじ1

かぼちゃ　⅛個
大納言小豆（ゆでたもの。甘みなし）　200g

糸がつお　適量

作り方
1　かぼちゃは半分に切り、面取りをする。
2　鍋に昆布だしとかぼちゃを入れ、沸騰しない程度の中火で煮る。7～8分間してかぼちゃに8割ほど火が通ったら本みりんを加えて混ぜ、少し煮て塩、しょうゆを加えて味を調える。
3　2に大納言小豆を加え、さらに3分間ほどふっくらするまで煮る。
4　器に3と煮餅を盛り、糸がつおを天盛りにする。

煮餅・丸
＋

昆布だし
＋

しょうゆ仕立て

鶏肉としいたけ

さいの目に切った鶏肉と根菜をごった煮にする鎌倉雑煮より。
断面が多いぶん素材のうまみがよく出るので、だしいらず。
古風にならい、お椀になみなみと盛って。

材料（2人分）
焼き餅・角　2個

水　600mℓ
塩　少々
しょうゆ　小さじ1

鶏もも肉　100g
ごぼう　20cm
生しいたけ　3枚
大根　5cm

作り方
1　鶏もも肉、生しいたけ、大根はさいの目に切る。
　ごぼうは1cm長さに切る。
2　鍋に水、ごぼう、大根を入れて強火にかけ、
　沸いたら中火にして10分間ほどことこと煮る。
　塩、しょうゆを加え、鶏肉、しいたけを加えて
　さらに2～3分間煮て、塩（分量外）で味を調える。
3　器に2と焼き餅を盛る。

焼き餅・角
＋
水
＋

しょうゆ仕立て

塩鮭と豆もやし

塩鮭を使う新潟の雑煮は具だくさんですが、
ここでは豆もやしと組み合わせて。
豆もやしの独特なにおいは強火でぐつぐつ煮て飛ばし、
うまみを残します。

材料（2人分）
焼き餅・角　2個

水　600mℓ
塩　少々
酒　大さじ1
しょうゆ　小さじ1

塩鮭（甘塩）　2切れ
豆もやし　1袋

一味とうがらし　適量

作り方

1　塩鮭は小骨を取り、一口大に切る。
　豆もやしはよく洗い、水けをきる。
2　鍋に水、塩鮭を入れて強火にかけ、
　沸いたら中火で2～3分間煮て塩、酒、しょうゆを加える。
　豆もやしを加え、さらに5分間ほど煮て、塩（分量外）で味を調える。
3　器に2と焼き餅を盛り、一味とうがらしをふる。

焼き餅・角
＋
水
＋

しょうゆ仕立て

冬の雑煮

根菜が大活躍。滋味にあふれ、じっくり体を温めます。

塩鯖と白ねぎ

塩鯖《さば》の個性的な脂を白みそがやさしく受け止めます。
ねぎは煮すぎないこと。
余熱で火を入れ、食感とわずかな辛みを残すことで、後口がすきっとします。

材料（2人分）
焼き餅・丸　2個

昆布だし　400㎖
白みそ　大さじ2

塩鯖（半身）　½切れ分
白ねぎ（細いもの）　1本

小ねぎ（小口切り）　適量

作り方

1　塩鯖は半分に切り、魚焼きグリルかフライパンで香ばしく焼く。
　白ねぎは1㎝長さに切る。
2　鍋に昆布だしと白みそを入れて沸かし、
　白ねぎを入れて10秒間ほどで火を止める。
3　器に焼き餅と鯖を盛り、2を注ぎ、小ねぎを天盛りにする。

焼き餅・丸
＋

昆布だし
＋

みそ仕立て

豚汁

根菜が十分に柔らかくなり、
うまみがだしに溶け込んだところで、
厚切りの豚肉を加えます。
存在感のある豚肉に
香ばしい焼き餅がよく合います。

材料（２人分）
焼き餅・丸　２個

昆布だし　600mℓ
白みそ　大さじ１と⅓
信州みそ　大さじ⅔

豚バラ肉（塊）　100g
大根　80g
にんじん　70g
ごぼう　50g

糸がつお　適量

作り方
１　豚バラ肉は１cm厚さに切り、幅を半分に切る。
２　大根、にんじんは１cm厚さのいちょう切り、
　　ごぼうは１cm幅の輪切りにする。
３　鍋に昆布だしと２を入れ、
　　根菜のうまみが十分にだしに移るまで中火で７～８分間煮る。
４　３に豚肉を加え、アクを取り、火が通ったら弱火にし、
　　２種類のみそを溶き入れて味を調える。
５　器に４と焼き餅を盛り、糸がつおを天盛りにする。

焼き餅・丸
＋

昆布だし
＋

みそ仕立て

水菜と薄揚げ

水菜の食感を楽しむ「はりはり鍋」風。
古くはくじら肉を使いましたが、
薄揚げですっきりとした味わいに仕上げます。
かまぼこがよい味出しに。

材料（2人分）
焼き餅・丸　2個

合わせだし　600㎖
塩　小さじ⅓
しょうゆ　小さじ1

水菜　½ワ
薄揚げ　½枚
かまぼこ　2切れ

糸がつお　適量

作り方

1　水菜は5㎝長さに切る。薄揚げは短冊形に切る。
2　鍋に合わせだし、塩、しょうゆ、かまぼこを入れて強火にかけ、沸いたら薄揚げを入れて中火で3〜4分間煮る。水菜を加え、強火にしてさらに3〜4分間、水菜がしんなりするまで煮る。
3　器に2と焼き餅を盛り、糸がつおを天盛りにする。

小松菜と鶏肉

関東の雑煮の代名詞とも言える「菜《な》鶏《とり》雑煮」を
具材を大きめにして総菜風にアレンジ。
鶏肉、かまぼこのうまみが重なる椀汁に、
柚子の香りがばっちり合います。

材料（2人分）
焼き餅・角　2個

かつおだし　600㎖
塩　小さじ⅓
しょうゆ　小さじ1

鶏もも肉　1枚
小松菜　4株
かまぼこ（厚め）　2切れ
柚子の皮　適量

作り方
1　鶏もも肉は大きめの一口大に切る。
2　小松菜は、根元からゆでて水にとり、水けを絞り、4㎝長さに切る。
3　鍋にかつおだし、塩、しょうゆ、かまぼこを入れて強火にかける。
沸いたら鶏肉を入れて中火で4〜5分間煮て、
アクを取り、塩（分量外）で味を調える。最後に小松菜を加えて温める。
4　器に3と焼き餅を盛り、柚子の皮をあしらう。

焼き餅・角
＋

かつおだし
＋

しょうゆ仕立て

牡蠣と干ししいたけ

広島の「牡蠣雑煮」はいろいろな具材が入りますが、
ここではシンプルに。
個性の強い牡蠣には椀汁を甘めに調えます。
牡蠣はさっと霜降りし、
ぷっくりと仕上げます。

材料（2人分）
煮餅・丸　2個

干ししいたけの戻し汁　600mℓ
塩　小さじ⅓
しょうゆ　小さじ1
砂糖　小さじ1

牡蠣（加熱用）　10個
干ししいたけ（大）　4枚（600mℓ強の水で戻し、石づきを取る）
せり　4本

作り方

1　牡蠣はかたくり粉（分量外）をまぶして
ひだの部分などによくもみ込み、流水で洗う。沸騰した湯に入れ、
ぷっくりしてきたら引き上げて水けをきる。

2　せりは5cm長さに切る。

3　鍋にしいたけ、干ししいたけの戻し汁、塩、しょうゆ、砂糖を入れて
強火にかけ、沸いたらアクを取りながら中火で5〜6分間煮る。
しいたけがふっくらとしてきたら弱火にし、1の牡蠣を加えて温める。

4　器に3のしいたけと牡蠣、煮餅を盛る。

5　3の鍋に残った汁にせりを入れてさっと火を通し、4に盛り、椀汁を注ぐ。

煮餅・丸
＋
干ししいたけ
の戻し汁
＋
しょうゆ仕立て

塩豚と白菜

鹿児島、大隅《おおすみ》半島に伝わる郷土の味です。
合わせだしに加え、うまみが増した塩豚、
白菜の芯からじっくりだしを取るイメージで。
豚肉に塩けがあるので塩は控えめに。

材料（2人分）
焼き餅・丸　2個

合わせだし　600㎖
塩　少々
砂糖　小さじ1
しょうゆ　小さじ1

塩豚*　150g
白菜　2枚
なると　2㎝

糸がつお　適量

作り方

1　塩豚は1㎝厚さに切り、大きければ半分に切る。
白菜は芯と葉に分け、それぞれ食べやすい大きさに切る。
なるとは6枚に切る。

2　鍋に合わせだし、塩豚を入れて強火にかけ、
沸いたら白菜の芯を加える。2～3分間煮たら白菜の葉も加え、
柔らかくなるまで5～6分間煮る。
塩、砂糖、しょうゆを加えて味を調え、なるとを加える。

3　器に2と焼き餅を盛り、糸がつおを天盛りにする。

*塩豚の作り方
豚バラ肉（塊）に、塩を表面が白くなるほどまぶす。ラップでぴっちり包み、
冷蔵庫で一晩以上おく。出てきた水分を拭いてから使用する。

牛鍋仕立て

トマトジュースがだし代わり。
八丁みそを加えて牛肉を煮込んでいくと、
まるでビーフシチューのようです。
ここではひれ肉を使いますが、
煮込み用の牛肉をじっくり煮込んでも。
仕上げに添える和がらしが重要です。

材料（2人分）
焼き餅・角　2個

トマトジュース　600mℓ
八丁みそ　大さじ2と½
砂糖　大さじ3

牛ひれ肉　180g
大根　½本
サラダ油　小さじ½

和がらし　適量

作り方
1　牛ひれ肉は大きめの一口大に切る。
2　大根は4等分の輪切りにし、皮を厚くむいて半月に切る。
鍋に大根とかぶるぐらいの水を入れ、
中火で竹串がすっと通るまでゆでる。
3　鍋にサラダ油を入れて強火で熱し、
牛肉の断面をすべて焼きつける。
トマトジュース、八丁みそ、砂糖を加え、10分間ほど中火で煮込み、
2の大根を加えてさらに3分間ほど煮込む。
4　器に3と焼き餅を盛り、和がらしを添える。

焼き餅・角
＋
トマトジュース
＋

みそ仕立て

焼き鰤とせん切り大根

鰤《ぶり》に塩を多めにふった塩鰤は、鰤特有のにおいも抑えられ、汁物に重宝です。鰤は塩けを強く、椀汁はうす味にと、味にメリハリをつけるとよいでしょう。

材料（2人分）
焼き餅・角　2個

昆布だし　600㎖
塩　少々
しょうゆ　小さじ1

塩鰤＊（1.2㎝幅）　2切れ
大根　5㎝

小ねぎ（小口切り）　適量

作り方

1　塩鰤は魚焼きグリルかフライパンで香ばしく焼く。
　大根は皮をむき、繊維に沿ってせん切りにする。

2　鍋に昆布だし、大根を入れて強火にかけ、
　沸いたら大根が透き通るまで中火で3～4分間煮る。
　塩、しょうゆを加えて味を調える。

3　器に2と鰤を盛り、焼き餅をのせ、小ねぎを天盛りにする。

＊塩鰤の作り方
1.2㎝幅に切り分けた鰤（刺身用）の両面に多めに塩をふり、
密封容器に入れて冷蔵庫で一晩おく。出てきた水分を拭いてから使用する。

焼き餅・角
＋

昆布だし
＋

しょうゆ仕立て

第2章

そもそも、雑煮とは？

雑煮はいつごろ生まれ、
なぜお餅が入るのか？
なぜ地域によって具材が異なるのか？
その謎をひもときます。

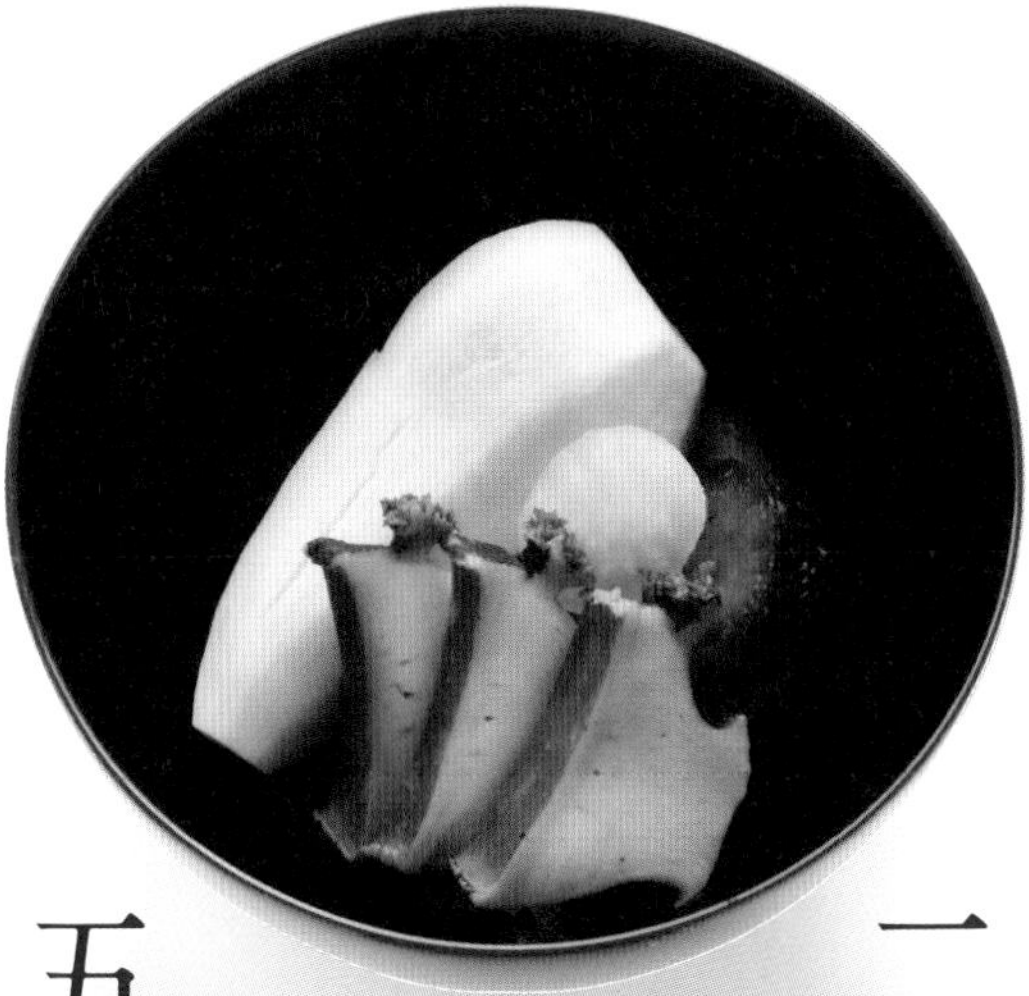

一、
雑煮は魔王の五臓を
かたどって整える。

二、
心臓は火で赤く、
舌をかたどって鰹（鰹節）。

三、
脾《ひ》臓は土で黄色く、
脾臓をかたどって串鮑《あわび》（蒸鮑）。

四、
肝臓は木で青く、
眼爪《まなこつめ》にかたどった芋（里芋）は、丸く長く削る。

五、
肺臓は金で白く、
気に通ずる餅（丸餅）。

六、
腎臓は水で黒く、
耳に通ずるいりこ（煎海鼠《なまこ》）。

江戸時代の料理書『當流節用料理大全』
「初献雑煮之事」より

雑煮の原点は魔王の五臓をかたどったあわび雑煮

古来、雑煮には、お餅の他にあわび、なまこ、鰹節が用いられてきました。あわびは海の生命力の象徴。なまこは「俵子《たわらご》」とも書き、姿形が米俵に似ていることから豊作と金運をもたらすと考えられ、鰹節は神社のお社にのる鰹木に見立てられたのです。これらは江戸時代の料理書『當流節用《とうりゅうせつよう》料理大全』（注1）に記されており、興味深い記述があります（93ページ）。

これら雑煮の六つの教えは、仏教や陰陽五行説と極めて密接な関係性をもつ料理であることを示しています。中世の雑煮を伝える料理書に記された、いわば、これが雑煮の原点。現代も天皇陛下をはじめとする皇親方々の召し上がる雑煮でもうかがい知ることができます。

一方で、今日にみる雑煮の多様性を生んだのは、室町時代の料理指南書『山内《やまのうち》料理書』（注2）です。「京で賞翫《しょうがん》の物、それぞれの国に無いような場合、雑煮の精神を理解して取り計らうべきである」という記述。このことからも雑煮が京都の公家衆から津々浦々の諸藩大名へ伝わり、具材や味つけを変えながら各家々へ広まったのがうかがえます。

＊注1
四條家高嶋氏撰。正徳四年・一七一四年刊。江戸時代、宮中および徳川家をはじめ諸藩大名の料理を司ってきた四條流庖丁人たちの指南書で、雑煮の六つの教えは「初献雑煮之事」に記されている。

＊注2
明応六年・一四九七年刊。「夏肴組之事」には「雑煮は、もし白瓜がなければ山芋でも入れなさい。越瓜、餅、煎海鼠、丸鮑。この具材四種を垂れ味噌で煮る。これには口伝があり、この四種の他には入れてはならぬ」とある。

雑煮は正月に限らず酒宴の肴でもある

雑煮のもとをたどると、平安時代の京都・宮中に行き着きます。正月に宮中で行われていた「歯固めの儀（注3）」では、お餅が祭祀にあがりました。平丸餅に押し鮎、大根など歯ごたえのあるものをかむことで齢を固め、健康長寿を願ったのです。このお餅が時代の変化の中で菱葩《ひしはなびら》になります。これは円形に伸したお餅に、小豆の渋で紅に染めた菱形のお餅を重ね、味噌を塗り、押し鮎と大根を芯に半分に折ったもの。この菱葩は正月の挨拶に宮中に参内した公家衆に、お上から下《か》賜《し》されるのですが、持ち帰って外側の堅くなったお餅を汁に入れた「汁雑煮」が今日の雑煮につながることになります。

室町時代になると、宮中でも正月に祝う雑煮が確立されます。それは垂れ味噌仕立ての椀汁の中に、丸餅やあわびを入れたものでした。時代が下り武家が台頭してくると、饗宴にて、これまでの公家文化の大饗とは異なる「本膳料理」（注4）が成立します。本膳料理の饗宴は「式三献」（注5）という酒礼からはじまります。式三献とは、酒肴の膳を三回に分けて堪能するというもので、フランス料理のアミューズに相当する料理が供されます。その初献の肴として御膳中央に上がったのが雑煮で、他に三点の海産珍味がすえられました。つまり、客人をもてなす最高峰の礼として、口切りの酒肴を雑煮が担ったのです。

＊注3
正月の元日から三日にかけて行われ、宮中の庖丁人たちがお餅などを御上に貢献する。

＊注4
公家文化の大饗様式とは異なり、数々の料理を一人分ずつのせた銘々膳が何台も客前に並べられる。これが後に日本料理の正式な膳立てとなり、今日、冠婚葬祭などで受け継がれている。

＊注5
結婚式などで行われる盃事（三々九度）は式三献の略式。

歯固めの儀で貢献されるお餅。

かように雑煮とは、食事でもなく菜（料理）でもなく、いうなれば酒肴。正月に限らずハレの席で欠かせないものでした。

味つけは味噌だった

雑煮の歴史のなかで、長きにわたり調味に用いられてきたのが「垂れ味噌」です。作り方は極めて原始的で、大豆、大麦、小麦、麹《こうじ》、塩を原料に造った「唐《から》味噌」（田舎味噌）を水で溶き、煮詰めて布袋で吊るし、漉《こ》した澄まし味噌。雑煮のだしに味噌を加えるとおめでたい饗宴の席を濁すと、ハレの料理では味噌を澄ましたのです（注6）。

江戸時代初期、江戸城下や下町の庶民の間では味噌仕立てが一般的で、垂れ味噌が上、味噌が下でした。雑煮が醬油仕立てになるのは江戸時代後期です。紀州から千葉の銚子《ちょうし》に醬油文化が伝わり、千葉の佐原、野田で醬油の醸造業が発展することで、関東の人たちが好む醬油の味わいが普及していきます（注7）。

一方、京都では、江戸時代後期から宮中や公家衆の間で白味噌が使われるようになりました。田舎味噌に比べて米麹を多く使う白味噌は、甘みが強く、贅沢《ぜいたく》品。このころから宮中の雑煮も垂れ味噌から白味噌仕立てになります。白味噌が一般家庭に普及するのは明治以降。明治の東京遷都《せんと》により御役御免となった女官たちが白味噌を懐かしみ、宮中の白味噌仕立ての雑煮を帰郷先でも食すようになって広がります。

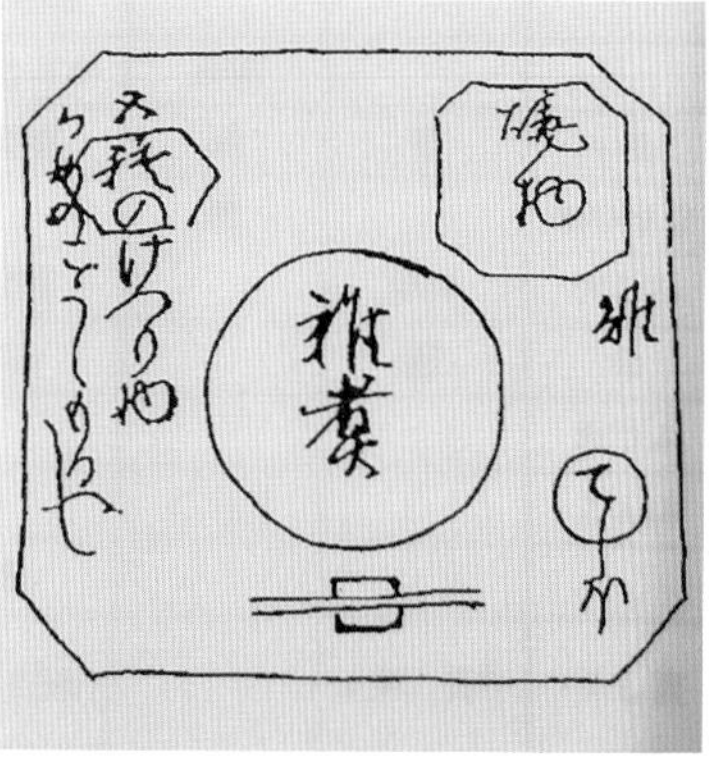

式三献の雑煮（『山内料理書』より）。

＊注6
江戸初期、当時の料理を記す『料理物語』（寛永二〇年・一六四三年刊）では「雑煮は中（辛）味噌または澄まし（垂れ味噌）にても仕上候」とある。

＊注7
当時を記す『江戸府内絵本風俗往来』（明治三八年・一九〇五年刊）には、「中等以上の暮しをする武家や大商の家では、小松菜、大根、里芋を通常とし、（醬油で味つけをするが、）味噌汁を用いる所もあり、餅も焼く、湯煮する」とある。

菜鶏雑煮のはじまり

奈良時代から明治六年までの長きにわたり、日本人は四つ足動物の肉を食べることは穢《けが》れの象徴であるとして、肉食忌避がされてきました（注8）。そのため、当時の最上の贅沢は「鶴の汁」（注9）。特に真鶴《まな》を最上とし、黒鶴、白鳥が上。さらに夏鶴とも呼ばれた青鷺《あおさぎ》、真雁《まがん》、真鴨、雉《きじ》、浜鴫《はましぎ》の順で好まれました。むろんこうした味わいある大型鳥類は諸藩大名や貴族社会で用いられてきたもので、庶民の間では庭鳥（鶏）を御馳走《ごちそう》としてきました。

いずれにしても、鳥肉は明治期に至るまでは御馳走の食材です。江戸、大坂、京といった大都市部では、庶民は長屋住まいが一般的で、ごくわずかな裏庭や軒先に菜っ葉（小松菜）や葱（九条葱）を植えていました。雑煮に鶏肉と小松菜を使うようになった経緯を示す文献がないため、あくまでも推測ですが、大名など武家社会の御馳走であった「鶴の汁（鳥汁）」の存在が江戸時代初期に庶民へ伝わり、庭鳥の代用をもって、また雑煮と鳥汁が習合することで江戸独自の「菜鶏雑煮」が派生したものだと考えられます。この菜鶏は「名（菜）を取る（鶏）」に通じ、武士独自の縁起物として広く伝わるように。私の祖母の話では、何かを仕掛けるような勝負の年には最初に菜っ葉を食べ「名を取る」、ふだんは最後まで残して「名を残す」と縁起を担いだそうです。

＊注8
一部、貴族社会においては、獣肉を「薬喰い」と称して陰で食されてきた事実もあるが、表立っては料理することができなかった。

＊注9
鶴肉は肉厚で、きめ細かな肉質ゆえ、他の食材と組み合わせるのではなく、鶴肉単体で味わう料理が御膳に上げられた。

菜鶏雑煮。海苔の産地は海苔付き。

京都の雑煮に芋が入るわけ

江戸の元禄年間（一六八八～一七〇四年）になると町方の名主や親方衆、上級商人といった経済力豊かな庶民が各地で名を上げるとともに、庶民の生活水準が底上げされたことで、食文化においても公家、武家の両文化を取り入れたさまざまな様式が伝わりました。

正月に祝うお節料理を例にとれば、はじまりは平安時代に公家社会で成立した節供、特に正月の節ふるまい。それを室町時代に足利将軍家が取り入れ、安土桃山時代に太閤・豊臣秀吉が「御節料理」として確立、諸藩大名へ伝わり、江戸時代後期に庶民へ広まったと言われています。公家社会で始まったあわび雑煮も同じようにして、形を変えて庶民に伝わっていくのです。

もとより、京の雑煮はあわびでした。しかし、数々の大飢饉《ききん》や疫病、動乱の繰り返しにより、京の人々は公家衆を含め困窮を極めます。さらに江戸幕府による「禁中並公家諸法度《しょはっと》」や「倹約令」など政治的な締めつけにより、贅の極みであるあわびを雑煮に入れることができなくなったのです。そこで、京の町衆においては、あわびの代用として「頭芋」を用い、それが京文化圏へ広く伝わっていきます。

頭芋（里芋の親芋）は、人の頭となるようにと一家の主人と長男の雑煮に入れ、他の家族の椀に入る子芋には子孫繁栄の願いが込められています。

＊注10
元禄一三年・一七〇〇年から薬種業を営んできた商家。明治二年建築の建物は京都市登録有形文化財。平成八年から一般公開し、京の商家の生活習慣や年中歳事などを伝えている。

＊注11
秦家の鏡餅は楕《だ》円形の三段飾りで真ん中に粟《あわ》餅を挟むなど、信仰する日蓮宗の影響と、太子山で秦家が歩んできた深い歴史を感じさせる。

京都・秦家の雑煮と正月支度

京商家では昔ながらの歳事が受け継がれています。太子山《たいしやま》に軒を構える京都・秦《はた》家（注10）では、正月支度は毎年十二月朔日《ついたち》、雑煮に添える「おくもじ大根」を作ることからはじまります。おくもじとは、御所《ごしょ》言葉で古漬けという意味。山田ねずみ大根を塩で漬けて約一か月間、蔵の軒下でじっくり発酵させた大根の漬物です。翌週七日には「おむし」（白味噌）を造ります。大豆を柔らかく炊き、たっぷりの米麹と合わせて約三週間静かにねかせ、最後に甘みとコクの強い市販の味噌を少しブレンドし、秦家好みの甘すぎず香り豊かな白味噌に仕上げます。

秦家のお餅搗きは、他とは異なり「苦を搗き込む」意味から年末二十九日。鏡餅（注11）、丸小餅、星付餅などいろいろな形のものを作ります。雑煮用の丸小餅は、うるち米を混ぜた「うる餅」です。これを柔らかく煮戻し、白味噌仕立ての椀汁に合わせます。芽を残した頭芋と子芋、祝大根の輪切りをよそい、削りたての鰹節を天盛りにし、おくもじ大根を添えて祝います。

京都では雑煮椀にも決まりごとがあります。朱塗りは男性用、黒塗りが女性用。朱塗りに沈金の家紋や柄が入っているものは一家の当主専用です。

右・京都・秦家で年末に用意するお餅。
左・雑煮にはおくもじ大根を添える。

丸小餅から伸し餅へ

かつて雑煮に入れるのは「丸小餅」でした。神々からの賜り物であるお米は霊的な力を持ち、そのお米を搗《つ》いたお餅は、神々の力を凝縮した、まさに霊力の塊のような存在と考えられてきました。そして古来、お餅は丸くするものでした。丸は太陽や宇宙を表す形であり、神々の依《よ》り代《しろ》である鏡のように丸めた小餅を祝うことに、雑煮の本来の精神が込められているのです。

江戸時代になると「伸し餅」が考案されるのですが、そこには武家社会特有の価値観もみてとれます。伸し餅は敵を伸し果たすに通じ、焼けば膨らみ、角が取れ、福が来ると言われたのです（注12）。

一方で伸し餅の生まれたきっかけには次のような事情もあります。元禄年間以降、江戸城下は世界最大級の百万人都市となり、山手に諸大名や上級武士、神職、僧侶などが住まいを構え、その他の庶民は、江戸城建設の折に排出した土で江戸湾（現在の東京湾）を埋め立てた下町に住みました。庶民は三坪（四畳半に一畳半の土間）の長屋住まい。餅搗きの臼杵をしまう場所もありません。ゆえに、下町を中心に「賃搗屋（注13）」なる専門職が誕生することになります。賃搗屋は忙しく、上方のように一つずつ丸めていたら商売あがったり。そこでお餅を伸し、少し堅くなったところで四角く切ったのです。

＊注12
徳川将軍家の作法指南を務めた高家《こうけ》吉良《きら》家の『吉良流礼法』では、雑煮のお餅について「餅は四寸四方（約一二センチ角）の角餅」にすると記している。

＊注13
「餅は餅屋」ということわざの通り、餅搗き職人が家に出向いて餅搗きを代行するもので、宝暦年間（一七五一～一七六四年）に出現するようになった。

丸小餅は神々の依り代の「鏡」を模した。

そして全国で多彩な雑煮が生まれた

京都の宮中で生まれた雑煮は、公家衆から武家へ伝わり、江戸時代は西のあわび雑煮、東の菜鶏雑煮の二つが台頭します。物流や人の移動が盛んになり、日本各地を人々が行き交う中で、雑煮はさまざまな要素が混ざり合い、多彩に進化していきます。お餅ひとつとっても、丸餅、角餅の他にあん入り餅があり、煮る、焼くと扱いもそれぞれ。雑煮のだしもさまざまです。北前船の影響を受けた関西および北陸は昆布、土佐と薩摩から多くの鰹節が持ち込まれた関東は鰹節。小魚が豊富な瀬戸内海沿岸は煮干しなど、地域性が色濃く表れています。

雑煮の具材も切り方が変わったり、土地の産物を用いるなど変化していきました。例えば大根。天皇陛下が召し上がる雑煮にも、京都町方の芋雑煮にも必ず大根の輪切りが入ります。これを鏡大根と称すのは、神が宿る御神体の鏡に大根の輪切りが似ているという縁起担ぎから。ゆえに京都文化圏では大根を半月などに切るのは縁起が悪いと考えます。しかし、「雑煮には鏡大根が入る」「雑煮には輪切りの大根が入る」「雑煮には切った大根が入る」「雑煮には刻んだ大根が入る」と、雑煮の具材は口伝にて形を変えていったのです。

このように、雑煮は各地の食材事情や時代による変化を伴いながら日本各地に伝わり、それぞれの郷土の味が今に受け継がれています。

日本各地に伝わる

伝統雑煮、郷土の味

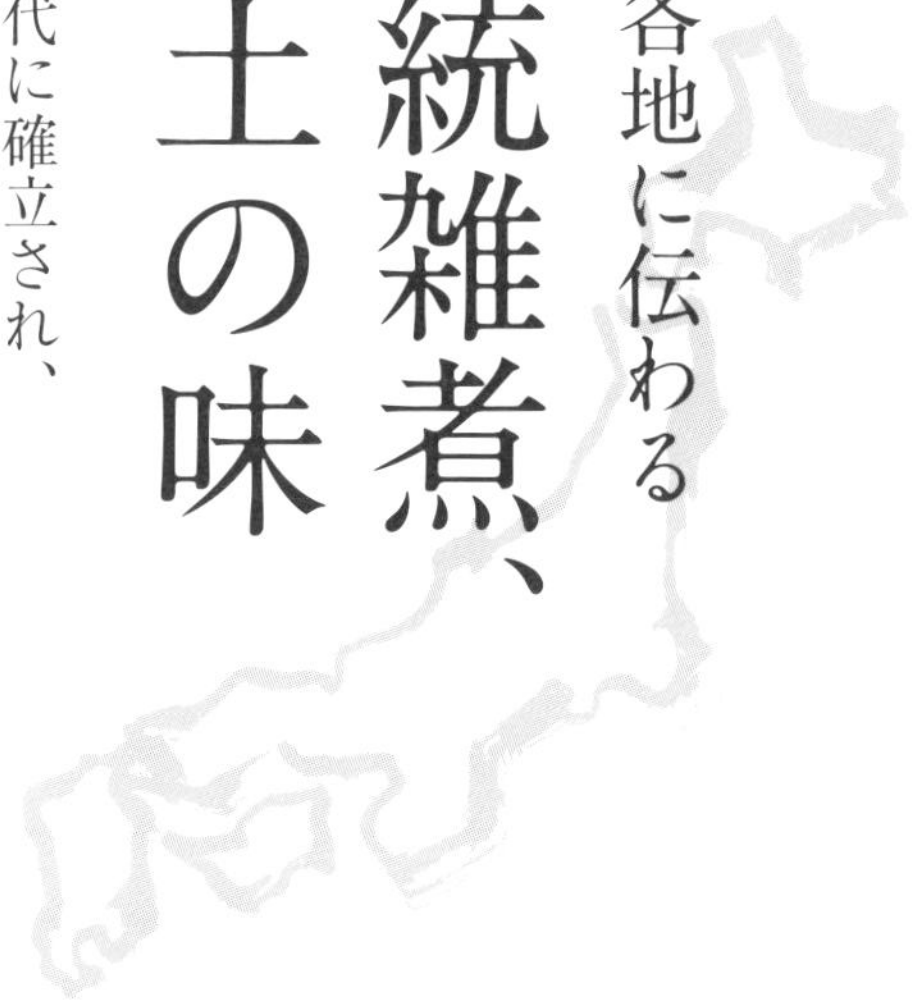

室町時代に確立され、
江戸時代に日本各地に広がった雑煮は、
現在も姿を変えながら
家々で受け継がれています。

宮城鮎雑煮（宮城県仙台市）

落ち鮎の焼き干しで取るだしは、川魚ならではのあっさりとしたうまみが魅力。大根、人参はせん切りに、ずいきは小口切りにし、里芋と戻した鮎は別鍋にて、醤油とみりんで炊く。宮城では鮎の他に焼きはぜでだしを取る地域も多く、いずれも焼き餅の香ばしさが合う。

◉焼き餅・角／焼き干し鮎だし／醤油仕立て／大根、人参、里芋、ずいき、芹、いくら

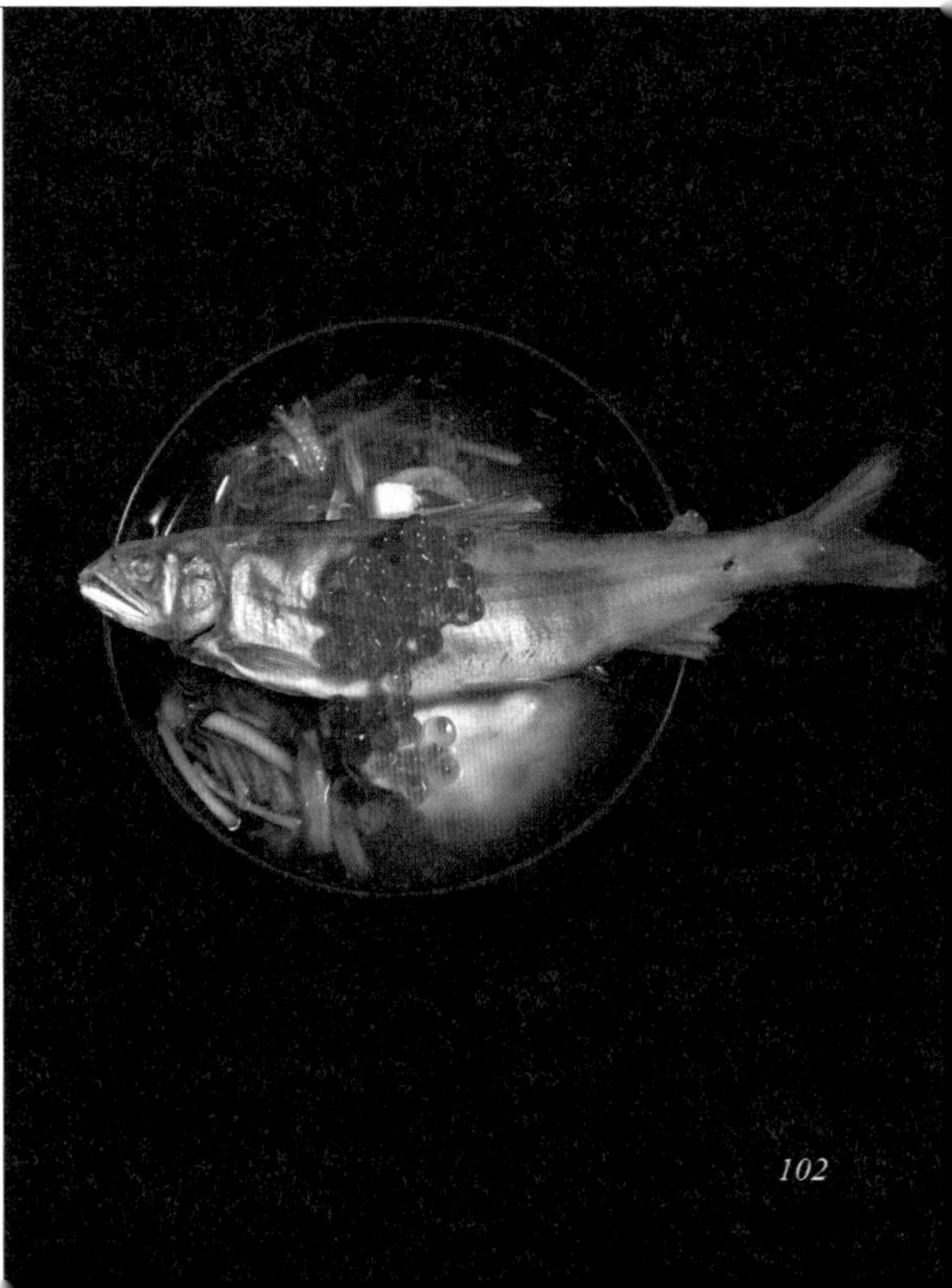

大根雑煮（新潟県小国地方）

昆布と鰹節の合わせだしに、焼き餅とせん切り大根のみの潔さ。新潟の雑煮は、大根はこのようにせん切りか、短冊に切ってたくさん入れるのが特徴。新潟の雪の中で育つ大根は甘みとうまみがぎゅっと凝縮されていて、よいだしが出て、焼き餅のおいしさを引き立てる。

◉焼き餅・角／合わせだし／醤油仕立て／大根

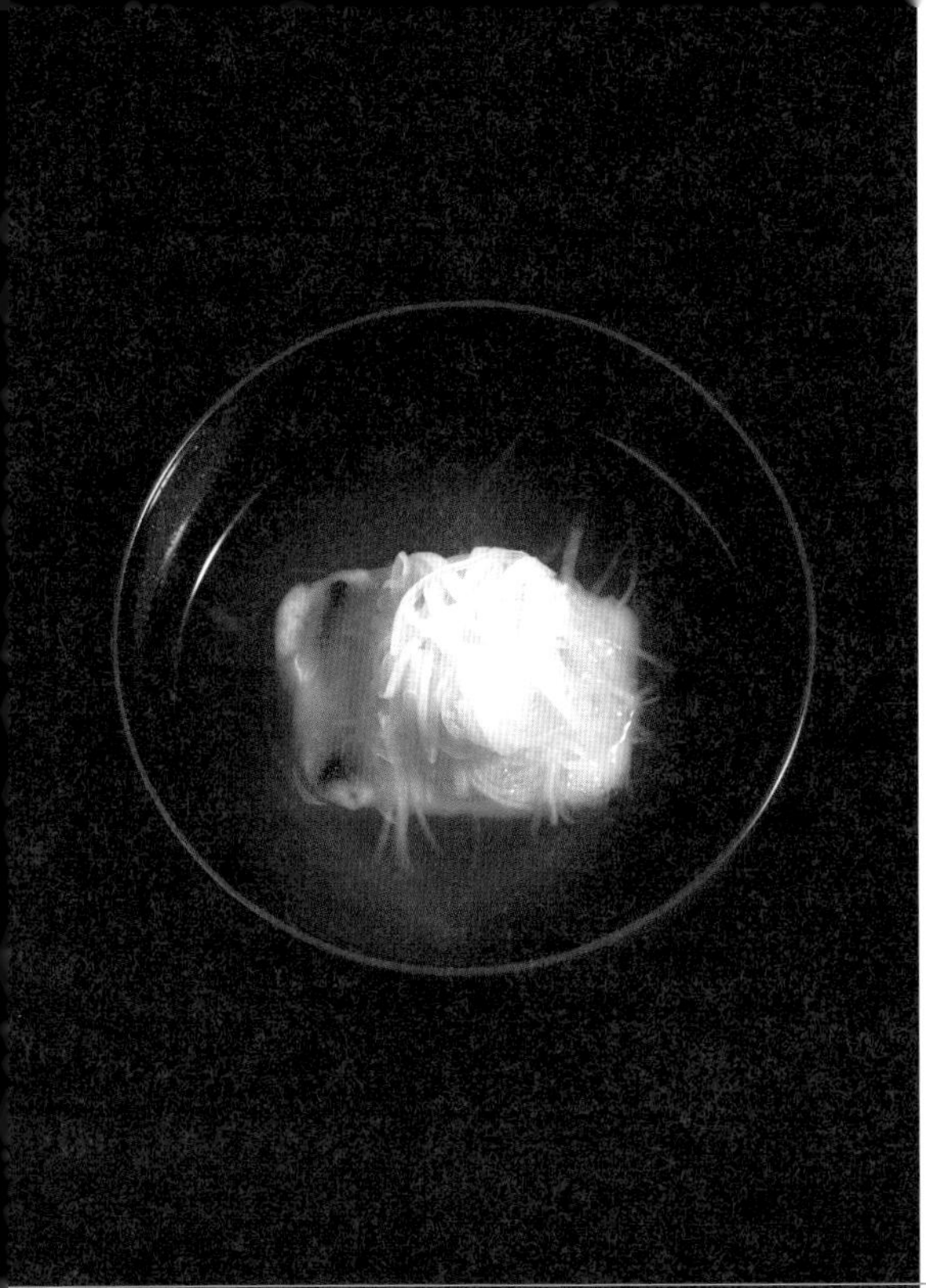

佐原雑煮（千葉県香取市佐原）

内陸にある佐原で切り昆布を食するのは、仙台藩伊達家の御用河岸であり三陸の昆布食が伝わったため。切り昆布からもうまみが出るため、他の具材とともに煮込むことが多い。また、香取神宮が鎮座するこの地方では、やはり大根は鏡大根に切り、人参も太陽を表している。

◉焼き餅・角／煮干しだし／醤油仕立て／切り昆布、人参、大根、柚子の皮

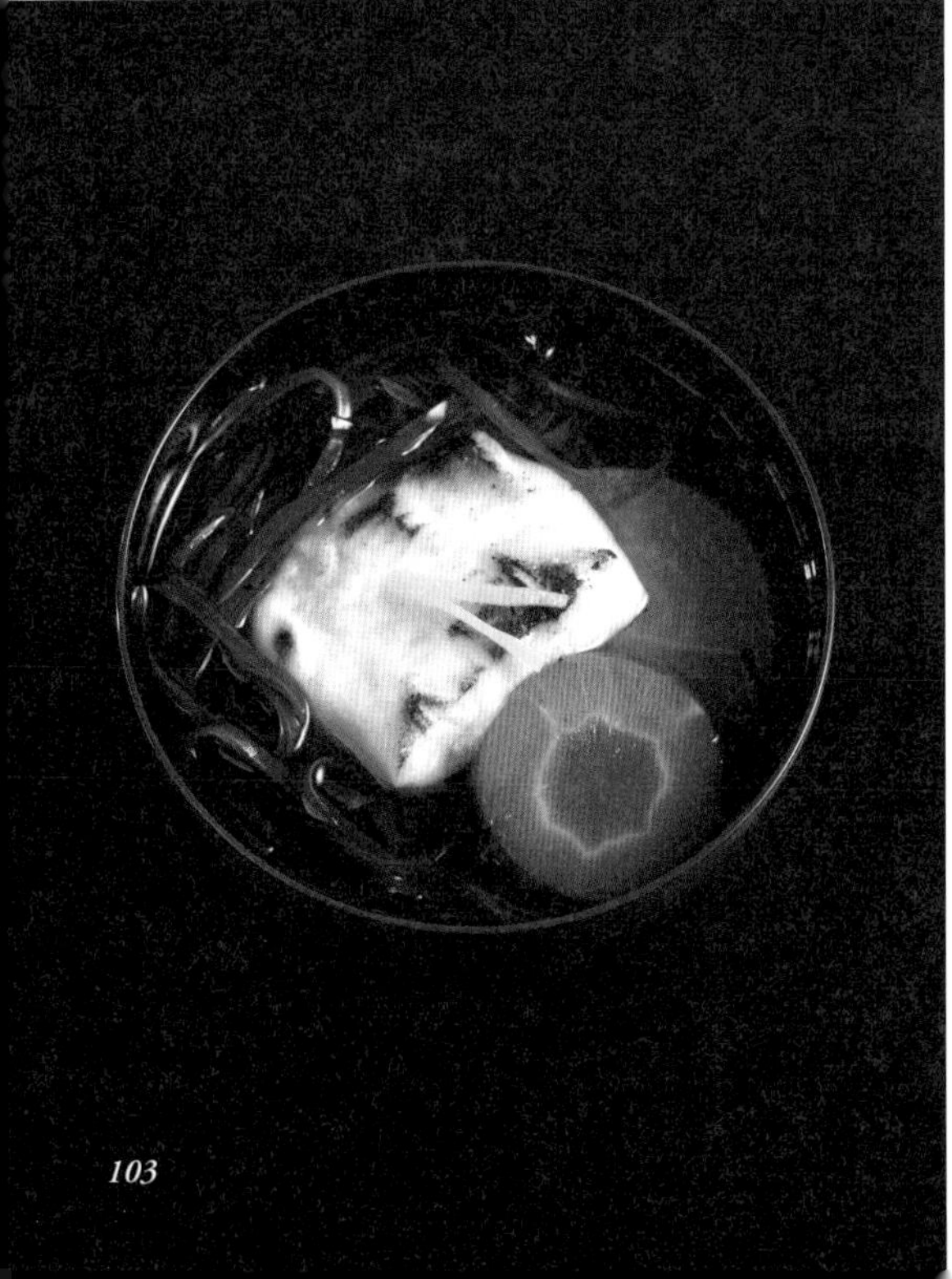

鎌倉雑煮（神奈川県鎌倉市・逗子市）

鎌倉は中世の政治の舞台となった武士の都。とはいえ、鎌倉武士は比較的貧しい暮らしをしてきたので、古くより庭先で鶏を飼い、めでたいときには鶏をつぶして祝った。その風習を受け継ぐのがこの雑煮の由来。鰹だしと鶏の濃厚な椀汁に、椎茸で味が深まる。

◉焼き餅・角／鰹だし／醤油仕立て／鶏肉、椎茸、三つ葉、柚子の皮

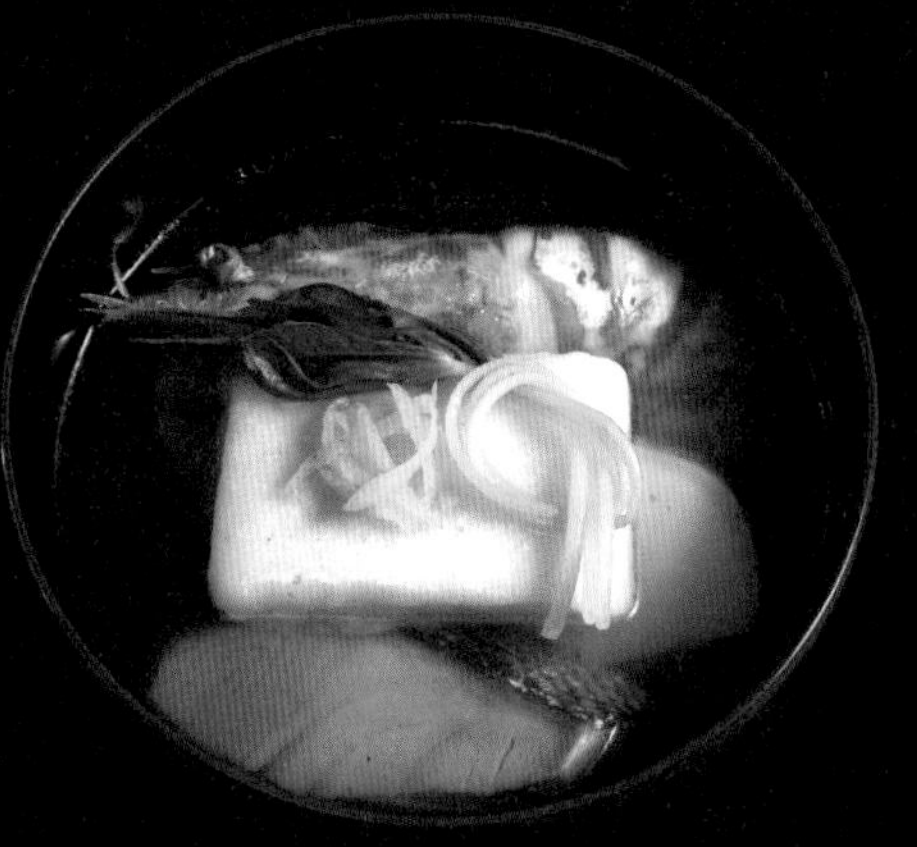

長野雑煮（長野県長野市）

海なし県である長野は「歳とり魚」の風習が根強く、正月には海魚を贅沢にいただく。長野市周辺は新潟ルートで入ってくる鮭を用い、松本市周辺では富山ルートからの鰤《ぶり》が使われる。いずれにせよ、魚のおいしさが凝縮された一椀であることには違いない。

◉煮餅・角／鮭のだし／塩仕立て／海老、塩鮭、蒲鉾《かまぼこ》、人参、三つ葉、柚子の皮